U0111409

中國人的故事

現代科學家的
毅力

張倩儀　主編
張倩儀　著

新雅文化事業有限公司
www.sunya.com.hk

主編的話

　　我們想做一套有新精神的中國人故事書。

　　古往今來，人人喜歡聽故事、讀故事。尤其情節細膩曲折的，最能吸引，因為人天生就有好奇心。如果故事還值得細細咀嚼，反覆玩味，那麼故事的價值就會成為讀者生命的一部分。

　　中國人愛說故事。中國的故事經久綿長，因為這些故事植根在古老的土地上。古老的中國也有新鮮的故事，因為中國人還在這大地上生息，新故事源源不絕。中國故事的風格跟中國人一樣，直率、簡潔，充滿樂天知命、奮鬥努力的精神，有時奇幻，但總帶有人性的光輝。

　　少年讀者需要知道自己的文化根源，又有這年紀自有的好奇和興趣。我們按着少年讀者的認識和性情，挑選動人的中國人物故事，分門別類，點出其中歷久常新的精神，做成一套有人、有事、有主題的中國人故事書。主角不限於古，還及於今；故事是中國人的，視野卻隨着今天的世界擴展。

　　我們的目標是淺白而能深入，有趣味而講究根源。我相信為我們的孩子，值得花費精神去做這樣的故事書。

張倩儀

目錄

走過千山的地質學家丁文江

丁文江（1887－1935年），中國第一代地質學家。

一個好官的提議

縣裏人説有個十五歲的少年資質好，很會讀書。縣官龍研仙把少年找來，考過一篇作文之後，認為大家説得沒錯，於是對丁文江説：

「中國需要科學，你去學科學吧。」

丁文江沒有問龍研仙科學是什麼，為什麼要學。

龍研仙轉過身，跟丁文江的父親説：

「我們在這裏還是讀着古代聖賢的書，沒有人讀過科學，更沒有人教科學。要學新知識，只好送他去日本。」

「去日本？」丁文江的父親心裏提出一個大問號。「他還小呢，母親又剛剛去世，按孝道，他不應該離家。他上面有哥哥，下面又有弟弟，家中那裏有錢供他留學呢？」

不過江南地方很重視教育，丁文江又生在一個重視讀書的家庭，栽培最有條件讀書的孩子，也是這裏的風氣。於是父親決定借錢供他去留學。

龍研仙跟丁文江非親非故，也不會資助他去讀書。他只是愛人才，見到地方上有什麼人值得栽培，就嘗試提拔他，這是中國好官員的傳統。不過，龍研仙也不是袖手旁觀，他知道丁文江年紀小，一個人出遠門，父親很擔心。他的表弟要去日本留學，於是叫表弟帶上丁文江。

　　鄉村的人除非做生意或者考科舉，否則很少遠遊，聽見丁文江要去日本，議論紛紛。而丁文江的哥哥，聽見弟弟要留學，也盼望去外面世界闖一闖。丁文江對哥哥説：

　　「我們兩個排行最大。如果沒有一個留在家，誰來照顧家庭呢？如果沒有一個外出，又有誰為國家做事？我們兩個人，各自承擔一樣吧。」

　　哥哥為了成全丁文江的留學願望，就留下來，放棄接觸新知識的機會。

留學大冒險

　　丁文江上學時只讀過講做人道理的中國古書，自己平時讀的是小説和歷史書。他不懂日文，也從來沒有讀過科學、數學、地理。這樣去留學，是不是很冒險呢？

　　回顧起來，去日本還不算冒險。他的地質學是在英國學的，他去英國更冒險呢！

　　話説他1902年到了日本的東京，那裏已經有二三百個中國留學生。他們有些根本不讀書，混日子；有些很有愛國心，時常為那時候中國的衰敗而歎氣。1904年日本和俄國打仗，戰場卻在中國的土地上，中國無力阻止。中國留學生被日本人嘲笑，他們感到悲哀又氣憤，日夜開會、寫文章，討論怎麼救國，丁文江也參加。結果他在日本大發議論的時間多，讀書的時間少。

　　就在這個時候，丁文江的朋友收到一封來自英國的信，説你們不要空發議論了，英國生活便宜，中國學生不多，不如來英國實實在在地讀一門學問吧。

丁文江和朋友想想也對，沒有實際知識，怎麼救國呢？於是計劃一起去英國。當時他們都不怎麼懂英文！錢也不夠，亦不知道英國是不是真的便宜！總之，他們臨時請人補習英文兩三個月，也沒有仔細算過夠不夠錢，家裏能不能供給，就買了去英國的船票。光是船票費用，他們已經大失預算，結果買完船票，只剩下一點點錢，就起行了。

從日本去英國，沿途經過中國人聚居的馬來西亞城市檳城。提倡中國改革而失敗的康有為，正住在那裏。丁文江和朋友於是慕名去探訪。康有為見到年輕人，不免鼓勵一番，知道他們沒有錢，就送了他們一點錢。如果沒有這點錢，他們到達英國後，連車票都買不起。

踏上英國的土地，他們發現城市生活並不便宜。而他們的英文根底差，想考大學，也無從入手。正當前路茫茫，幸運又再降臨在這些年輕人身上。他們遇到一個醫生，這個醫生去過中國，對中國人有好印象。他勸兩個年輕人從中學讀起，並且把他們帶到自己的家鄉——倫敦東面一個鄉村小鎮。那裏既有醫生

的親友，方便照顧，費用又便宜。

小鎮中學生

於是十七歲的丁文江，在小鎮跟一班比他少幾歲的少年讀中學。原來在小鎮做中學生，對他是一件大好事。這裏沒有中國人，居民都老實和氣，對遠道而來的外國青年很關心。大家待他有如家人，假期的時候，今天這家請喝下午茶，明天那家請他去吃飯，女兒教他彈琴，僕人教他騎馬。他的英文很快就說得很流暢，而且對英國人的想法比較了解。

小鎮生活也有困難的時候。有一次，他和朋友都未收到家裏的匯款，連互相接濟都不成。兩個人焦急萬分，在學校門口踱來踱去，踱了兩小時，都想不出辦法。又因為窮，兩人的鞋子常常穿破了，沒錢換，襪子也不能多買。冬天遇到風雪的時候，丁文江中午回家吃飯，穿破鞋走過積雪，一定襪子盡濕。到家的時候，只有兩雙襪，一雙穿在腳上，一雙在洗衣坊，

只好脫下濕襪，烤一會火。一頓飯之後，穿上那半乾濕的襪，再走過積雪，又變回濕襪去上課。

當時英國的學校並不規定年限，只要考試成績好，學生可以跳級。從前丁文江對新式中學的課程很陌生，他在日本上數學課時，不明白那些講一個點、

一條線，兩點之間是直線的幾何學，有什麼意思。現在他為了爭取儘快畢業，因此拼命讀書，兩年裏把中學的課程都讀完。畢業的時候，他的數理知識有了基礎。

但是關於讀科學，尤其是應該讀那一門科學，他還是沒有頭緒。

遇上地質學

他考上有名的劍橋大學，選讀文科。如果丁文江能夠讀下去，他就做不成科學家了。結果讀了半年，發覺讀劍橋的費用太貴了，他付不起，決定退學。

他要找學費和生活費便宜的地方。於是他北上去了蘇格蘭，那兒是蒸汽機發明者瓦特的故鄉。蘇格蘭的首府是格拉斯哥，生活費比另一個大城市愛丁堡便宜。丁文江進了格拉斯哥大學讀動物學。為什麼讀動物學呢？他是隨便選的，當時他只想儘早畢業回家。

英國的大學除了主修科目，還要有一科副修科。

丁文江的副修科選了地質。地質是研究地球怎麼起源、發展，以及地球的結構，由什麼物質組成等的學科，要用到物理、化學和古生物學許多知識。丁文江讀地質學的時候，這一科大有發展才一百年。今天我們知道地球裏面熱度很高，熔岩噴出來，冷卻形成岩石，這個講法是由蘇格蘭的地質學家提出的。丁文江對地質學越來越有興趣，而且地質學在中國還未起步，又可以用來勘探礦物，幫助採礦業，於是他乾脆把地質學也變成主修科。

大學教育令他掌握了兩門科學，但更重要的，是學會了科學化的做事方法。有一次，他在實驗室裏工作遇到困難。回到家，他不斷對朋友説：「我真佩服我的老師。我必須養成這種好習慣，才有真正求學和做事的才能。」

1911年，他以動物學和地質學兩個主修科畢業。離家九年，要回國了。他本來就喜歡旅行，學地質的時候，又讀到一本德國地質學家寫中國地質的書，知道中國西南的地理形勢複雜，地質地貌很有特點。於是他決定回家之前，到中國西南部的雲貴高原

走一走。如果你對雲貴高原有些了解，會知道雲南的大山大谷多，看見在對面的地方，走路卻要走半天，而貴州則「地無三尺平」。丁文江的計劃是從越南上岸，坐法國人的火車到雲南的昆明，然後從雲南走到貴州。完成了雲貴高原旅行之後，沿着水路到湖南，找退休回到故鄉的龍研仙，親自向他道謝。沒有龍研仙，他的人生肯定是另一個樣。然後他會回到江蘇的家。如果你打開中國地圖，就知道從雲南到江蘇這段路有多長；在1911年，這樣的旅程是很累很苦的。

這趟旅行，丁文江視作一次嘗試。因為德國地質學家說，其他科學或許能在中國發展，但中國人不能從事艱難的地質調查，因為中國文人只愛坐在室內，不肯勞作，不肯走路，覺得失了身分。丁文江不同意這個說法，他想證明地質學可以在中國發展，中國人能夠做地質調查。他拿着地圖，帶了基本的儀器，像指南針、放大鏡、望遠鏡、測高度的氣壓計，開始這次考察。白天步行，晚上睡英國帶回來的摺疊牀。沿路了解地質，紀錄地勢。走了兩個月，終於回到家。

中國地質學的開荒牛

接下來，他的地質事業怎麼展開好呢？中國的地質學未有發展，丁文江找不到跟地質相關的工作，只好暫時去中學教科學和英文。一天，他接到朋友張軼歐的信。張軼歐是在比利時學冶金的，回國之後在政府裏管採礦，下面有一個管理地質的部門。他聽聞丁文江回到中國，想請他來這個部門工作，因為他們兩個在比利時聊天時，丁文江充滿熱情地說，他要振興中國的地質事業。

丁文江立即辭了中學的工作，來到北京上班。這時他才知道，從東京帝國大學學地質回來的章鴻釗，也曾在這裏工作。章鴻釗做了一個詳細計劃，建議政府怎麼展開地質調查和研究工作。丁文江看了他留下的建議，贊成極了。問題是當時全中國正式學地質的，可能就只有章鴻釗和丁文江兩個人。懂得地質學的人這麼少，怎麼做調查和研究呢？當時中國請來不少外國地質專家，但是水平參差，而且永遠依靠外國人做調查，始終不是辦法。要改變這種狀況，唯有開

課教更多人。

地質學不止是書本上的學問，它着重實地調查。丁文江只是大學畢業，可以説只是剛進了地質學的門，在地質調查上經驗不足。他擔心只教書，不學習做實地調查，幾年之後，就更沒有經驗了。於是他設計了一半時間教書，一半時間做地質調查的方針。

丁文江教書很用心。他備課很充足，到處搜羅大資料。如果學校和自己手上的材料不夠，就托朋友幫忙找。為了準備一堂課，弄得地質調查所的職員星期天都不得休息，調查所的標本也被他用了很多。他講課很生動，科學理論有時很枯燥，他想盡辦法，要學生體會那些地質知識背後的趣味。小説、歌曲和身邊的事物，都是他的教材。他講地球的構造，就對學生説，他家鄉的俗語説「三山六水一分田」，這個數字恰恰跟整個地球的山地、水澤和平原的面積比例相同。

丁文江很重視地質實習，常常帶學生去野外。他計劃得很周密，未去過的地方，要自己先去走一次，或者派助教去一次。實習都選在假期，不影響上課時

間。他要求學生穿合適的衣服，地質旅行要用的物件必須齊備。

　　他第一次做大型地質調查，是跟一個來中國教書的德國地質學家一起做的。大家都說這個德國人脾氣古怪，難以合作。丁文江跟他在山西做調查，覺得這個德國人工作認真，於是虛心向他學習，學到很多調查方法。他們有時一起做，有時分頭做，透過這些經驗，丁文江學懂怎樣獨自做調查，怎樣畫準確的圖。四十多天的調查做完了，兩個人成了好朋友。

　　當時在中國做調查的辛苦，從找地方住宿就見得到。丁文江第一次在北方旅行，分頭調查時，有一晚要投宿，他找到一條村唯一的一家店，卻已經住滿了。炕上睡滿人，地下放滿挑油的擔和簍，連下腳的空隙都沒有。院子裏有間破屋，頂上沒瓦，滿地是草。冬天，破屋裏冷得很，但丁文江沒辦法，也要住進去。而給他趕牲口的人，連破屋都沒得住。第二天丁文江發覺他一邊走路一邊打盹，原來他在大屋滿地的油簍子中間，蹲了一夜，根本沒得睡。

　　丁文江做調查，堅持近路不走走遠路，平路不走

走山路，上山一定走到山頂。憑着這樣認真的精神，丁文江和章鴻釗把地質事業搞得有聲有色。他沒有忘記張軼歐的支持，説：

「你鼓吹搞地質有功，我會把你的名字寫在我的書上。」

張軼歐説：「我是地質學家的伯樂，推薦賢才應該有大獎的。」

朋友交口讚譽的人

1935年末，政府請他派人去湖南，做粵漢鐵路沿線煤炭資源的調查。他覺得這條鐵路貫通華中和華南，十分重要，堅持自己來主持這項工作。

這天，一行人來到一個煤礦附近，下了車，前面還有十五里山路。丁文江仍然按習慣，不坐轎。他沿路走去，一邊看岩層，拿傾斜儀來測量岩層的斜度。到了煤礦所在地，他抬頭一看，山頂的岩層非常陡峭，心想煤層不知要到地下多深才能會合。丁文江不

走過千山的地質學家丁文江

管長途調查，又未吃飯，仍然自己下礦洞。

那煤礦礦洞是45度傾斜，長170米。冬天天氣冷，洞裏溫度高，調查完出來，一身大汗，衣衫濕透，冷風一吹，他開始生病。他向來重視休息，每天要睡八小時。生了病，他更想好好休息，於是點上房間裏的壁爐，吃了安眠藥，早早上牀。沒想到那個晚上，外面大風大雨，壁爐的煤氣出不去。第二天朋友來拍門，發現他昏迷不醒，中煤氣毒。

他不到五十歲就去世的消息，讓認識他的人十分難過。大家懷念這個認真而奇特的朋友。他平常穿着長袍，而留着兩撇歐洲式鬍子。他把中西兩派作風，巧妙地結合為一體。

中國的地質事業損失了丁文江這個人才，猶幸經過他和幾個地質學家的努力，已經培養出一大批優秀學生，加上留學回來的年輕學者，中國的地質事業終於發展起來。

在那麼多現代科學裏，地質學在中國最早發展起來，跟德國地質學家的判斷剛好相反。

公開技術的化學工業家侯德榜

侯德榜（1890－1974年），化學家，創侯氏製鹼法，開拓中國重化學工業，世界製鹼業權威。

經過五年日夜奮鬥，保密超過半個世紀的製鹼技術，被侯德榜掌握了。他可以用這項化學工業技術來賺錢，以後生活無憂。

　　可是，他決定向全世界公開他的知識。

　　兩個人的說話，使他公開技術的決心更堅定。一個是化工廠的創辦人范旭東，侯德榜的上司和支持者。一個是他的美國大學老師，侯德榜上課時，常常聽到老師說：

　　「不造福人類的學問，不能稱為科學。一個真正的科學家，不能把科學技術作為謀求個人財富的工具。」

為了製造純鹼

　　科學裏有一門學問叫做化學。化學家好像魔術師，能夠混合一些東西，變成另外的東西，這個過程，他們叫化學反應。像用油和鹼來做肥皂，就是一種化學反應。

今天，化學工業已經發展成很多部門了。你身邊很多東西，例如塑膠、洗衣粉、油漆；讓你的衣服七彩繽紛的人工染料；你在新聞裏聽見的很多詞語，像人造纖維、化學肥料、農藥，都是化學家製造出來的。早期的化學工業，還沒有今天那麼多產品，主要是生產染料以及三種酸、兩種鹼。純鹼就是其中一種。

純鹼是化學工業的基本原料，我們又叫它蘇打，這個名字是從英文soda音譯過來的。不過，你可以像化學家那樣，認着它是Na_2CO_3。玻璃、滅火器、肥皂和洗潔精裏都可以找到純鹼，做蛋糕、造紙也要它幫忙。從前能夠大量生產純鹼的公司很少，既然很多行業都要用它，這少數能夠生產純鹼的公司自然就壟斷了市場。

侯德榜沒有想過他會花大氣力去打破壟斷，成為世界製鹼業的重要人物。

這個福建農家孩子從小愛讀書，一邊踩水車為田地灌水，一邊還在誦讀文章。

姑姐見他好學，就資助他到城裏讀書。後來他考入上海一間鐵路學校，畢業後找到一份安安穩穩的鐵路工作。有一天，他看到清華學校招生，這是一間留學美國的預備學校，他就放棄鐵路工作，考入清華高年級插班。這是他事業上的第一次大轉變，這時他已經二十一歲。在清華，因為他目標清楚，又肯用功，所以十個科目一共考得1000分。1913年，他以優異成績畢業，去美國麻省理工學院，學習化工。

大學畢業後，他決心製造皮革。他進了一家專門的學校，得到專業製革化學師資格。接着他回到大學讀博士，研究的仍然是製革。眼看製皮革將是他的終身職業，怎料1921年他獲得博士學位時，創立製鹼公司的范旭東卻邀請他一起製鹼。

講到化學工業，范旭東也是行家，他很早就到日本東京帝國大學讀化學。但是要製造純鹼，卻是技術要求很高的事，他跟工廠幾個工程師努力了兩三年，沒有進展。范旭東知道技術是關鍵，他到處物色人才。聽人介紹侯德榜的才能，范旭東誠懇地給他寫信，邀請他一起為中國的製鹼事業作貢獻。收到這邀

請信，侯德榜很猶豫。製鹼他並不懂，而製革已經學了好幾年，怎能夠一下子就放棄呢？但是他再讀范旭東的邀請信，又覺得化學工業在中國還是開荒階段，能夠和這樣有雄心、有魄力又誠懇的人合作，機會難得。何況，侯德榜很明白，製鹼是化學工業的重要基礎。就是因為中國的化學工業落後，不懂得製造這些化工基本材料，外國貨才能長驅直入。侯德榜於是答應了范旭東。

由零摸索起

化學工業是一門既要資金，又要知識的行業。當時最先進的製鹼方法，由比利時人蘇爾維在1861年發明，有幾家公司買下技術，包括英國的卜內門公司。蘇爾維製鹼法原理很簡單，材料很便宜，有鹽、二氧化碳和氨就成，但是具體的工藝技術很關鍵。它的特點是連續生產，七個流程的設備相連，像一條長龍，每個程序都正常，才能夠成功。當時，掌握技術

的各家工廠都自製重要的機器設備，要買也買不到。這幾家公司說好了要嚴格保密技術，大家都不申請專利，但是互相交流。公司的員工只知道自己負責的部分，並不了解全貌。許多國家的技術專家想了解它的技術秘密，多數失敗告終。

　　范旭東的永利製鹼公司設在天津，因為天津靠海，鹽的來源不成問題。永利公司用重金買到一份「蘇爾維法」的簡略資料，侯德榜回到中國，埋頭鑽研這份資料。在他面前，有一連串技術難題要解決。他跟工人一起操作，想通過親身實踐，摸索出這製鹼法的奧秘。設計好設備，戰戰兢兢地安裝好，包括一個近十層樓高的蒸氣塔，對侯德榜和永利公司已經是很不容易了。

　　試用的時候，前面的工序都沒有很大的問題，到第六個工序，困難開始湧現。那個三十米高的蒸氣塔搖擺起來，發出巨響，你想想那情景多可怕。大家恐怕要發生工業意外，立即停機。原來是材料成分不對，堵塞了出氣孔。好不容易解決了蒸氣塔問題，前面第五個工序曾有過的小問題，卻又變成大問題。幸

好范旭東雖然資金不足，但很重視研究工作，設有一個化學工業研究所。侯德榜和公司的工程師研究原因，然後請研究所做實驗，證明屬實，才把這個新問題解決了。

　　侯德榜回國已經接近三年，雖然比范旭東自己做的前面三年，大有進展，但是仍然未出產到產品。不斷投資，沒有利潤，股東自然有怨言。侯德榜深刻體會到創業艱難。幸好這些壓力，都由變身經營者的范旭東去應付，他才能夠靜心研究技術，逐一解決問題。

　　經過無日無夜的苦幹，難題一一破解。1924年8月，永利鹼廠正式投產。大家各守崗位，緊張而興奮地期待雪白的純鹼出現。

　　出來的鹼是暗紅色的！

　　永利公司已經沒錢了，股東不肯再投資。

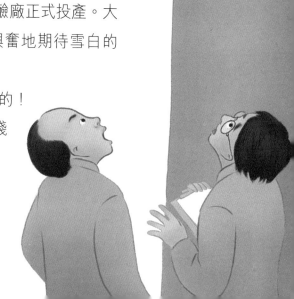

面對工廠可能要停工，製鹼事業要失敗，范旭東説服股東，這是最後一個問題了，大家再拿一點錢出來吧。

侯德榜和工程師耐心地尋找原因，找出純鹼變成暗紅色是由於鐵鏽污染。侯德榜在書上讀到在鹼水中鑄鐵管比鋼管耐蝕，范旭東又咬着牙，在所餘無幾的資金裏，拿出幾萬元換了鑄鐵管。他們還從改善原料着手，用化學方法，使鐵管內表面結成一層保護膜，防止鏽蝕。經過差不多兩年，1926年，永利生產出純白色的優質鹼，成為亞洲第一間新法製鹼廠！不久，以紅三角為招牌的永利純鹼，在美國費城的萬國博覽會上，獲得金獎，質量獲得世界公認。

眼看永利的純鹼冒起，英國卜內門公司憑自己資金雄厚的優勢，打起減價戰，以阻止永利的純鹼進入市場。永利只好虧本出售純鹼來應付，虧本愈來愈多，規模小、資金不足的永利公司又一次面臨破產。范旭東要大力開拓中國市場，同時將減價戰打到日本，令卜內門公司無法再獨佔日本市場，才迫使卜內門停止減價戰。

公諸於世

摸索到蘇爾維製鹼法的奧秘，永利公司本來可以高價售賣專利。永利既然缺乏資金，賣專利得到的錢可以支援其他發展。但是侯德榜想把製鹼技術公布給全世界。他讀過印度詩人泰戈爾的詩：「鳥的翅膀繫上黃金，就再也飛不起來了。」他決不做這樣的鳥。

公司總經理范旭東還有很多宏大計劃，等着錢去實現，但是他聽到侯德榜的想法，立即表示贊成。因為侯德榜未加入之前，他自己曾深受技術保密的苦，去參觀英國美國的製鹼廠，工廠不給他們詳細看設施。有一次，外國公司的人還跟他說，你們要製鹼，太早了，日本都做不出來，你們三十年後再造吧！製鹼技術既然沒法知道，工廠也就辦不下去，建廠第二年，范旭東想賣掉工廠。來談判買廠的外國公司拼命壓價，范旭東一氣之下，才苦苦辦下去。范旭東想起這些年來，永利三次瀕臨破產，吃盡技術壟斷的苦頭，他對侯德榜說：

「我們不能今天受人欺負，明天去欺負人。公司

公開技術的化學工業家侯德榜

支持你的想法，你安心去寫書吧。」

　　得到范旭東支持，侯德榜於是花了一年多時間，在美國整理五六年來積下的大堆筆記本、記錄、圖紙，把製鹼法的原理、技術和自己辛苦摸索出來的經驗，加上很多圖，用英文寫成《製鹼》（*Manufacture of Soda*）一書，1933年在美國出版。這本書幾年之後才出中文版。他選擇先用英文寫，好使全世界的化學家讀得懂；想建鹼廠的國家，也可以立即用來參考，這樣就可以打破那些掌握技術的公司的壟斷了。果然，書一出版，這保密技術竟然巨細無遺地公開，在學術界和工業界引起哄動。侯德榜在書裏也談到為什麼要出這本書，他認為蘇維爾製鹼法有獨特的技術要求，造鹼廠因為這獨特要求，而得到保護，其他人要經過多年親身體驗，才能夠掌握技術，所以沒有必要再作保密，而妨礙了大家探索開發新的製鹼方法。

　　侯德榜不但把寶貴知識寫出來，他還接受邀請，在1945年初去巴西設計製鹼廠，培訓技術人員。1945年到1949年，侯德榜五次去印度指導塔塔

（Tata）公司改進鹼廠的設備和技術，永利公司又派工程師駐印度幾個月，協助它生產優質純鹼。

酸——化學工業的另一翼

鹼廠成功後，范旭東的雄心又來了。三酸二鹼既然是化學工業的基本原料，只能生產純鹼是不行的，酸鹼要雙翼齊飛。中國如果能夠生產化工的另一翼——酸，就能夠自己生產化學肥料，必要時可以做炸藥。

今天大家說化學肥料不好，要用天然肥料。那時候，中國因為用天然肥料，及不上用化學肥料的國家，農業變得落後。

1934年，永利公司的純鹼才生產不久，資金還不夠。范旭東靠借錢來建新工廠，所以開展新一翼，一定要投資少而有效。面對這個全新的任務，侯德榜又要重新學習，在書堆裏鑽。幸好這一次沒有技術壟斷的問題，關鍵是買入什麼技術和設備。

侯德榜為了設計這個工廠，周密調查當時世界上的技術和設備。採購的時候，又要精打細算，凡是中國能夠保證質量的，就在中國造。買外國設備時，要選擇合用又廉價的，關鍵的設備則一定要選擇優質的。最後他從英、美、德、瑞士等國許多家工廠買來設備，加上中國造的，配成一套來生產。他幾乎不是個化學家，而變成機械工程師和工廠建築師了。

　　這樣的工作辛苦嗎？當然辛苦！侯德榜説，這些事每一件都令人煩悶。但是他和范旭東早就預料會有困難，所以從來沒有絲毫樂觀。他出於責任心，日夜拼命地做，是不想萬一失敗，害得中國人以後都不敢投資發展化學工業。1937年初，這座重化工聯合企業投產，技術達到當時的國際水平。這個廠連同永利鹼廠一起，奠定了中國基本化學工業的基礎，也培養出大批化工科技人才。

　　可是這工廠在一個不幸的年份落成，1937年是日本侵略中國的關鍵一年。這一年年中，七七事變爆發，日本侵佔北京，中國宣布全面抗戰。范旭東和侯德榜這間新工廠建在南京附近，南京是當時中國首

都。他們沒有料到幾個月之後，日軍就逼向南京，以「工廠安全」為名，要求跟他們合作管理南京工廠。侯德榜他們不但拒絕，還利用工廠設施，轉造炸藥和地雷殼，支援中國抗戰。

窮則變、變則通的侯式製鹼法

但戰爭形勢很嚴峻，天津的造鹼廠和南京的新化工廠都被日本佔領。為了繼續生產酸和鹼，1938年，在十分困難的條件下，范旭東和侯德榜在四川西部籌建工廠。

製鹼的主要原料是鹽。四川自漢代就以產鹽著名，但是四川的鹽都是井鹽，要從很深的井底一桶桶吊出來。由於濃度稀，還要經過濃縮才能用來做原料，這樣鹽的成本就高了。恰恰蘇爾維製鹼法的缺點是鹽的利用率低，有30%會浪費掉。現實迫使侯德榜放棄蘇爾維製鹼法，另闢新路。

當時在德國和蘇聯都有人研究改良蘇爾維製鹼

法，但工藝還未完善，生產有限。1939年侯德榜率隊去德國考察，準備買新製鹼法的專利權。但是德國公司竟然提出用它的專利來生產的鹼，不能銷去中國東三省。原來德國當時已經跟日本結盟，而日本要將已佔領的東三省從中國割出去。德國公司的條件，就是不承認東三省是中國的。這一點，侯德榜無論如何不答應。買專利不成，他只好自行研究新方法。

　　就憑歐洲新製鹼法的兩份專利說明書，以及三篇期刊論文，他揣摩設想，在美國拼命查資料做研究，請教大學時代的老師，還要遙距指示技術人員在中國做實驗。一直做了五百多次試驗，分析了二千多個樣品，他們終於掌握了新製鹼法，還發現新法未夠完善的地方，加以改良，做出一種可以連續生產的新流程。新方法使鹽的利用率提高到96%，本來用不上的廢物變成原料，增加了化肥產品氯化銨，設備又減少了三分之一。1943年，中國化學工程師學會將這新流程命名為「侯氏聯合製鹼法」。

　　可惜當時戰爭緊張，侯氏聯合製鹼法只能完成半工業裝置試驗，沒有條件作正式工業生產。

戰後重建

1945年日本投降不久，范旭東突然生病去世。侯德榜痛失支持，只好由書生工程師，繼任為處理大局的總經理。當前急務，是收回天津和南京工廠，恢復生產。經過八年被佔，這兩間費盡心血建起來的工廠，幾乎面目全非。尤其南京的工廠，只剩了一間空屋，設備早在1942年被運去日本，安裝在九州的工廠，而且還在運作。侯德榜一再交涉，親自去東京找盟軍總司令部的美國人，好不容易才迫使日本答應歸還。但是盟軍總司令部不同意整套設備歸還，而要先拆去機器中日本更新過的部分。侯德榜不答應，他的機器在1937年是能夠運作的，被拆去日本使用，因為損耗而換上新配件，那麼歸還的時候，為什麼要拆去新配件呢？等於一輛車被偷時是能夠行駛的，歸還贓物當然應該歸還一輛可以行駛的車。幾經據理力爭，侯德榜才在1948年全部取回機器。

永利公司的製鹼歷史，已經成為天津引以自豪的一段傳奇。經過多年的改組合併，今天這家公司在一

個大集團之下仍然存在，它的舊廠房也變成博物館。而曾經侯德榜指導的印度塔塔公司，則在2006年收購了從前壟斷中國純鹼銷售的英國卜內門公司。

立己立人的數學家熊慶來

熊慶來（1893－1969年），數學家，教育家，雲南大學校長。

法國的數學老師説：「數學是所有科學的基礎，數學的發展帶動所有科學發展。」

從雲南來法國的熊慶來聽了這句話，決定學數學。他憑着毅力，成為中國著名的數學教育家，培養了很多出色的數學人才。

雲南和礦業

熊慶來生長在雲南東部一個偏僻寧靜的小村，全村只有幾十戶人家。那裏的土地是紅色的，配上濃密的綠色甘蔗田，翠綠的稻田，高原湛藍的天空，風景如畫。

雲南是中國西南角落的省份，那裏高山深谷，大河奔流，要修路、建橋、通車，非常困難。運貨要靠馬和驢走山路，交通常常靠兩條腿走路，居民不容易得到外面的消息。從熊慶來的小村去最近的火車站，要走一天山路。熊慶來十三歲才第一次離開小村，去外面讀書。

山多河多的雲南，雖然交通不便，但是商業活動頻繁，因為這片多姿多采的土地有很多特產。雲南的普洱茶，由馬幫運出深山，向東去到廣東和香港，向西運去西藏和緬甸。緬甸的翡翠是全世界最好的，商人把貨物運到緬甸，又從緬甸把翡翠運回來。雲南的礦產也很豐富，金銀銅鐵錫都有。雲南的第一條鐵路是法國人建造的，從雲南通去法國的殖民地越南。因為工程太困難，修建時死了很多工人，雲南人都不肯做，要從別的省份招工人。法國人花那麼多工夫修這

條鐵路，就是為了方便把雲南的礦物和其他資源運出去。

雲南因為在中國最西南，是邊防重地，所以軍事學校很有名，但是沒有好的高等教育機構。雲南人很想改變這種教育落後的情況。

熊慶來來到省會昆明讀書的時候，正好雲南政府想多派學生去外地留學，回來幫助雲南的工商業和教育發展。熊慶來參加考試，考上了去留學的名額。和他一同考上的，有十幾人，有些去美國，有些去法國，熊慶來被派到比利時。

去外國可以學什麼，熊慶來其實不太清楚。但是雲南既然礦產多，無論政府和熊慶來自己，都覺得學礦業一定有用。

1913年，熊慶來二十歲，以雲南省公費學生的身分，飄洋過海去遙遠的比利時。出發前，家裏人很捨不得，因為村裏沒有人去那麼遠的地方；在昆明，省長給這批留學生送行時，殷勤訓話三、四個小時，給予很大的寄望。

第一次世界大戰下到處求學

比利時是講法語和德語的。熊慶來去比利時之前，學過一年多法語。為了考大學，他先進入中學，專門讀數學和法文。但是他來得不是時候，讀完一年法文，正想考大學的時候，第一次世界大戰就爆發了。戰爭打了四年，到1918年才結束。

德軍要速戰速決，沒有宣戰就進攻比利時，幾天就佔領了這個小國的全境。熊慶來和同學混在難民隊伍裏，經過千辛萬苦，才去到法國巴黎。他想進礦業學校，繼續學業，但是礦業學校的學生都去了打仗，學校暫時停課。熊慶來只好去一間大學暫時讀理科，1916年他得到一張高等數學的文憑。

熊慶來讀礦業的大計除了受到戰爭破壞，還受到生病困擾。他因為吐血，醫生診斷他患了肺病，這對他是一個大打擊。

那個時候肺病是傳染病，也沒有很好的治療方法。醫生只叫他去瑞士療養，呼吸新鮮空氣。

瑞士有阿爾卑斯山，雪山皚皚，山下綠草如茵，

奶牛在山間悠閒吃草，是個風光美麗、生活安寧的國家。但是熊慶來到了瑞士，並沒有專心看病，還是拼命看書。

有一次醫生來給他看病後，見他沒有聽吩咐去做運動，就跟房東說，打掃房間時，把熊慶來的鞋掃到牀底的角落，迫他俯身爬入牀下拿出鞋子，當作一種運動。幸好瑞士人連牀底下也打掃得乾乾淨淨，熊慶來天天爬在地上找鞋子，身體也得了一些鍛煉。

他在瑞士休息了一年，身體算是復原了，但世界大戰還未完。

為了不讓戰爭影響學業，熊慶來向南走，去到法國南部的海邊讀大學。他知道以他的身體情況，是不能應付上山到處走的野外考察的，他只得放棄讀礦業的願望，繼續讀理科。他不管自己剛從大病復原，只花了一年半時間，又考了微積分、力學、天文學三張文憑，得了理科碩士。這時候，他還是擔心數學太抽象，對建設國家沒有直接幫助，於是又去讀了一科物理。

科學救國的故事

　　由於飄泊不定，他總共讀過四間大學。由礦業轉到數理，數學、物理、天文他都讀過，自己到底應該讀什麼，怎樣才對中國和雲南有用，他有點搖擺不定。但是在法國八年的生活，卻讓他深深明白科學和文化教育的重要。法國地方不大，人口不多，就憑着科學成就和文化教育水平，而成為歐洲的強國。法國微生物學家巴斯德的故事，讓他對科學的實用價值，體會更深。

　　他剛到法國的時候，有一天做數學題做得累了，到圖書館去散散步，從偶然借得的一本書上，讀到法國微生物學家巴斯德的故事。

　　巴斯德的科學發明到今天仍然跟我們的生活有關。巴斯德是研究微生物的，為了解決法國的葡萄酒變質問題，

他創立了加溫殺死有害微生物的消毒方法。我們的牛奶今天仍然用這個方法消毒。你喝牛奶時，在盒子上找找，會見到很小的字寫着「巴斯德消毒」。巴斯德又找到令蠶生病的病原體，援救了法國的養蠶業。

當時法國被德國打敗，要賠一大筆錢，由於巴斯德挽救了葡萄酒和養蠶這兩個重要行業，援救了法國經濟，令法國很快就付清了賠款。巴斯德還主張生病和細菌有關，發明了預防傳染病的接種法，救了很多人的命。據説，法國和德國雖然是世仇，但是德國王子見到他，也主動跟他握手，表示敬意。

巴斯德距離熊慶來並不遙遠，他以科學研究救了法國的事，不過在幾十年前發生。熊慶來深受巴斯德的故事感動，覺得科學研究真的可以幫助國家。

突然做了教授和系主任

讀了八年，得了碩士，下一步怎麼辦呢？他應該鑽研下去，還是應該早日回國呢？雲南家裏還有疼愛

他的老祖母，和八年沒見面的妻子和兒子。就在他猶豫不決的時候，他收到雲南教育局的信，說雲南要辦大學，請他回來工作。

熊慶來是用雲南的錢去留學的，他很樂意為雲南做事。1921年他收拾行裝回到中國，誰知這時中國正是軍閥混戰，雲南也有不同的軍閥在爭權。本來主張辦大學的雲南軍人被推翻，大學也就辦不成了。

正當熊慶來徬徨無計的時候，他收到東南大學校長的一封信，請他去南京教書。原來他在法國認識的好朋友何魯離職，向校長推薦他來接手。這真是一個大好機會，熊慶來立即答應了。一家人由雲南搬到南京，才發現校長不但要他教書，還要他做數學系的主任！一個二十八歲，讀完碩士回國不久，還沒有教過大學的人，怎麼當系主任呢？校長這樣安排，也是迫於無奈的，因為當時中國的現代數學人才還很少。

系主任這個職位，給熊慶來很大壓力，同時又給他一個機會。除了教書，系主任還要聘請老師，考慮開什麼課，考慮怎樣發展。熊慶來既然得到這個施展教育志向的機會，他就用盡全力去做。他到處物色好

教師；沒有中文寫的大學用數學書，他就自己編寫。他身體本來不好，這時又生起痔病，坐臥都痛，只好伏在牀上寫教材。一個經驗不夠的人，全憑用心和努力，把數學系辦得很好。

在北京的清華大學，見他做得這樣出色，也來請他去北京，發展數學系。這時他已經是一個有經驗的數學系主任了，於是又出色地辦成第二個數學系。

熊慶來經常對人說，生平最大的樂趣是培養年輕人。他經常向學生、向子女講巴斯德的故事，激勵大家學習科學。無論在南京還是北京，熊慶來都用心發掘科學人才。在南京，他發現了嚴濟慈，和幾個教授一起資助他去留學。在北京，他發掘了初中畢業的華羅庚，破格讓他當上數學教授。

嚴濟慈留學回來，才從熊慶來妻子的口中，得知老師為了供他在法國讀書，省吃儉用。有一次滙錢時間到了，但手頭沒錢，為怕嚴濟慈在法國受苦，他不顧一切，要妻子拿皮袍去賣。妻子怕他冬天沒衣服穿，不肯賣，最後她悄悄去借債來滙錢給嚴濟慈。

嚴濟慈和華羅庚沒有辜負熊慶來的培養。嚴濟慈

在法國成績出眾，回來成為著名的物理學家；華羅庚的數學成就比熊慶來更高，成為世界知名的數學家。他們兩人一生都感激熊慶來。

再上兩層樓

辦了兩個很成功的數學系，一般人大概也就滿足了。熊慶來卻不，他要求自己在研究上，力爭上游。

辦教育是很有意義的，但是努力教人雖然也可以長知識，卻不容易抽時間做深入的研究。熊慶來見清華大學數學系已經上了軌道，就請了兩年假，去法國深入研究數學。

他在法國所寫的論文提出了數學上一個重要的概念，被命名為熊氏無窮極。這可不是武俠招式的名字啊！數學是個大海洋，數學的研究創新，推進發展，是需要很多人努力的。

我們不能說熊慶來這個研究成果多麼多麼重要，怎麼石破天驚。他為數學大海洋加添了重要概念，得

到一個新成果。透過這次努力，他不止是一個辦好數學系的教育家，還是一個有自己研究成就的數學家。

1934年他以熊氏無窮極的論文，得到法國國家博士學位，這一年他已經四十一歲。

回到中國不久，他又面對一項新挑戰。1937年，雲南大學請他回去當校長。那時候雲南仍然是消息閉塞的地方，而清華的數學系已經上了軌道，生活既舒適，自己又可以有時間做研究，為什麼要放棄清華呢？

可是為雲南辦一間好大學，提高雲南的教育水準，讓雲南的青年不用遠去外省求學，也一直是他的心願。他第一次從法國回來，不就是要幫雲南辦大學嗎？現在他研究有成就，辦學有經驗，正是為雲南的教育做事的好機會。於是他答應了。

熊慶來一生真是多災多難。就在他當上雲南大學校長這一年，日本入侵華北，第二次世界大戰先在中國的土地上打起來。為了逃避戰火，北方幾家大學都搬到雲南去。雲南雖然是大後方，但是戰時生活一樣困苦，日本的戰機又時時來轟炸，作為校長，要照顧

全校教員和學生的安全和學業，責任十分重。在艱難之中，他把雲南大學辦成課程齊備的學校，得到國立大學的資格。

重新由寫字學起

二次大戰結束之後，中國發生內戰。年輕人有些支持這邊，有些支持那邊，政府不想年輕人遊行抗議，也給大學壓力，做大學的校長左右為難。熊慶來煩透了。1949年，他代表中國去巴黎參加聯合國的會議之後，一個人留在法國，過着清苦的研究生活。不料病痛還是要來折磨他。1951年，他還不到六十歲，突然中風，右半身不能動。他出院之後，努力練習用左手寫字，繼續做研究，繼續寫書。但是一個人長期留在法國，為了個人生活，為別人做研究，他覺得沒意思。他的朋友來信勸他回國。

1957年他回到闊別幾年的中國，嚴濟慈、華羅庚和許多舊同事、學生都來接他。熊慶來雖然行動不

便，但回到熟悉的數學教學環境，生活過得很充實。

　　沒料到不足十年，他和華羅庚被罵是阻礙歷史發展的學者。那時候，愈是成就高的學者，愈受反對。年輕人到他家裏翻箱倒櫃，叫做抄家。雖然熊慶來已是個半身不遂的老人，又有高血壓、心臟病、糖尿病，還是要站在台上幾個小時，接受批評，又要每周寫反省悔過的文章。1969年初，一個寒冷的晚上，他坐在躺椅上寫反省文章寫到深夜，閉上了眼睛，再沒有醒來。

　　第二天早上，年近七十的嚴濟慈接到熊慶來去世的消息，雖然自己也受抄家和批判的折磨，他仍然不顧危險，趕來弔唁。想到熊慶來對他的培養，心痛難言。華羅庚來到時，熊慶來的遺體已送去準備火化。華羅庚也是殘疾人，他一拐一拐趕到焚化間，見到好幾具蓋着白布的遺體。他一一揭開，終於見到瘦得只剩骨架的恩師一面。他向這個影響他一生的人深深鞠躬，凝視很久，才又一拐一拐地哭着離去，默唸着：「他對我影響最大的一點，就是他工作到老，工作到死，工作到最後一息的精神。」

鍥而不捨的農學家沈宗瀚

沈宗瀚（1895－1980年），作物遺傳育種專家，農業政策專家。

常常説中國是以農立國。中國的農業歷史悠久，而且發展到很高的水平。到清朝的時候，中國的農業仍然在發展，以精耕細作養活了大量人口，二三百年之間，人口增加了四五倍，可以種植的地方幾乎都種上了，水利工程修了不少，也引入過新的農產品種。發展已經到盡頭了。

差不多同一時間，歐洲卻因為科學革命發展成熟，興起了現代科學。

現代科學的著名人物和內容，你大概都聽過。像那個在比薩斜塔做實驗，證明輕和重的物件同時到地的伽利略，發現地心吸力的牛頓，創立解析幾何的笛卡兒，提出進化論的達爾文。

還有行星繞着太陽轉、血液循環、細菌、化學元素周期表等等知識，都是現代科學的內容。同時，得到知識的工具和方法，也有大發展，像顯微鏡、做實驗，以及微積分等新的數學方法。

農業也是科學，科學發展也會使農業發展。所謂不進則退，甚至進得不夠快，也顯得退步，中國的農業於是落後了，要向外國學習。

去外國學農業

從前大部分中國人住在農村。那些農村景色美麗，華北的農村一望無際，江南的農村山明水秀，嶺南的農村漁塘和田野穿插交織。一條村幾百人，經常是聚族而居，村民守望相助，有如世外桃源。中國的農民既聰明又勤奮，他們靠經驗累積，種田的技術很高，以至到1930年代初，平均每畝的產量仍然比美國多。

可是中國人口多，每家農戶的田地就顯得小；全國的產量增加了，但人口也同時增加了，平均來說，每個人的產量就增加不多。種田是很勞累的工作，而且受天氣和大自然影響。萬一發生水旱災，沒有收穫，就要捱餓或者向人借錢。如果自己沒有田，要租田來耕種，還要交部分收穫作租金，收入就更少了。

為了使農業發展，中國政府希望派人去歐美學農業，許多年輕人也認為學農業對中國最有用。可是很多人千里迢迢去到外國，只學了一陣就放棄了。因為他們去留學之前，根本沒有種過田，甚至脫離了農

村，住在城市，對農業的興趣很淺。他們發覺農科要學分類，要做實驗，覺得悶，不知道學了有什麼用，自然生出放棄的念頭。著名學者胡適就是拿政府獎學金去學農科的，進的是農科很著名的康乃爾大學，但讀了三個星期就覺得沉悶。他上培育果樹課的時候，每周要做實習。有一次實習時要把三十多個蘋果，根據手冊來分類，看莖的長短、臍的大小、皮的顏色，還有果肉的韌度和甜度嘗試。他大吐苦水，說填來填去，錯誤百出，成績很差，於是他決定轉讀文科。

比胡適小幾歲的沈宗瀚，卻一心一意要讀農科，想造福人數眾多的中國農民。他被父親責罵，親友埋怨，轉學多次，背負一身債務，才終於學到最先進的現代農業知識，回到中國。

農業學校

沈家本來也是種田的，讀書是最近三四代人的事。沈宗瀚生長在江南的農村，自小就幫助家裏做農

事，牧牛、車水、除草、施肥、收穫、曬穀、養蠶、養雞都很熟練。他深知農民的疾苦，立志長大了要做個有用的人，學一門專門實學，為佔人口最多的農民服務。

那時候，科舉考試廢除了，但是教新知識的學校不夠。鄉間交通靠人力或者畜力，有河的地方靠水路通小船，一般人不會去很遠的地方，而開在鄉村的好學校非常少，所以沈宗瀚十七八歲才讀完高小。他的父親是個秀才，靠替人補習或者做鄉村學校教師為生，賺錢很少，家裏孩子又多，所以天天盼他畢業，做小學教師，幫忙養家。

沈宗瀚卻想讀專門的農業學校，他拼命懇求父親，說只要讀完浙江省的農業學校就心滿意足，於是父親答應找親友借錢，讓他求學。1913年，他去到省城杭州讀書。他知道讀書機會難得，所以拼命考得好成績，爭取獲得免膳宿費。

當時日本學習歐美的現代科學比中國早，所以很多人去日本讀書，再回來教中國人。省立農業學校裏，校長是剛從日本回來的，他以苦學著名，講解很

清楚，循循善誘。

可是，其他教師多數只是把日文筆記譯出來充教材，從來沒有跟中國當地環境配合。學昆蟲學，用日本書本上的圖代替標本，從未帶學生去野外採集；園藝課沒有實地認識蔬菜，亦不調查栽培、留種的方法；作物課竟然教牧草，因為教師在日本是學畜牧的，可是江南畜牧不發達，教牧草不切實用，而學校附近有著名的藥用作物，老師從來不提；田間實習課，老師只會教種蘿蔔、白菜這些普通品種，經驗還不及鄉間資深聰明的農人。

學校的教學水平讓沈宗瀚失望。

每逢長假，沈宗瀚回沈灣村，會拿自己學得的一點知識，跟耕種的親友交流。他的三哥曾經跟村裏最優秀的兩家農戶工作過五年，經驗豐富。沈宗瀚興致勃勃，日間跟着三哥下田，試行他學來的施肥方法，晚上兩兄弟仍然談耕種，一點不疲倦。由於經驗不足，沈宗瀚教親友用新方法，並不是每次都成功。不過，在學識上，他還是比純粹靠經驗的農人多，曾經剖開有問題的稻穗的莖，讓叔叔明白稻穗穀粒小，不

是因為瘟神作祟，而是患了蟲病。但是他不能回答的問題，也有不少。

鍥而不捨

在學校裏學了一年，他對學校的水平感到不滿意，班上幾個認真向學的同學也想轉學，有點錢的去日本，有些去了北京的國立農業學校。他沒有錢去日本，於是想辦法去北京。他到杭州讀書，已經要由好幾個親友共同補助，如果去北京，費用更多，父親一定反對。怎麼辦呢？他琢磨：現有的親友補助，加上自己向朋友借；如果努力考得一二名，爭取到免學費；再加讀上國立農校，應該可以得到沈姓宗族的公同財產設立的獎學金，自己省吃儉用，那麼勉強可以足夠到北京讀書。

儘管他苦心籌謀，但跟父親商量，父親仍是反對，責怪他得一想二：「萬一你國立學校讀不到，省立學校又退了學，那怎麼辦？」

老父想到家累，更説得老淚縱橫：「什麼時候你才賺錢養家呢？我負擔這個家，快要被經濟逼死了，到時你就是從國立學校畢業，難道你心裏會安樂嗎？」

父親一定要他回去省立農校讀書，但沈宗瀚並不甘心。

他想到二哥在錢莊工作，或許可以幫忙。怎知去到錢莊，錢莊的人説他二哥下鄉收賬去了。他冒着寒風，走了大半天路去找二哥，失望地發現二哥去了更遠的地方。更為難的是大風激起海水，漫過堤圍，堤裏多深溝，萬一失足，性命難保。

沈宗瀚想追趕二哥，當地人勸他不要冒險。沈宗瀚不想放棄，他請當地人代租了一隻水牛，又找一個牧童當嚮導。當地人警告他，水牛雖然會游泳，但是冬天不似夏天那麼活躍，還是不要冒險。沈宗瀚明白他一片好心，於是請他借來兩根長竹竿，他和牧童一人一根，慢慢探水而過。寒風似刀，吹得面痛，水深的地方，冷水幾乎浸到牛背，他的褲子都濕了。

好不容易去到目的地，二哥卻已經離開了。沈

宗瀚欲哭無淚，許久才能夠振作精神，借了些乾草給牛吃，又回頭踏進那寒冷的大水溝。這次又失望又焦慮，覺得路更遠了。

經歷千辛萬苦，他找到了二哥，請他用自己的名額，向錢莊免息借了一些錢，答應明年就還。二哥見他有求學熱情，又意志堅定，於是就幫了他這個忙，還另外送他一點小錢。沈宗瀚想到北京天氣冷，手頭沒有錢買大衣，二哥於是將親友放在他那兒的大衣暫借給他。一切齊備，沈宗瀚就跟同學一起去北京了。途中給父親寫信，敘述自己的苦心以及借錢的艱難，請他原諒自己不辭而別。

怕冷的南方人來到北京，宿舍裏沒有火爐，晚上只好蜷縮在被子裏讀書。幸好接到父親的信，表示原諒自己，他心裏稍為安慰。不料這個時候，二哥的親友要求取回大衣，沈宗瀚硬着頭皮答應歸還。父親聽聞了，擔心起來。他不計較兒子拂逆他意來北京求學，只怕他冷壞了，竟然在生活艱難的時刻，還設法東借西湊，匯錢來給他買大衣。沈宗瀚接到父親匯來的錢，感激之餘，想到不知何時就要停學，更覺得學

習時間寶貴。於是定了個時間表，天天晨興夜寐，運動、溫習、上課、背誦生字，時刻遵行。

國立學校的程度比省立的深，除了英文、數學、植物、作物、昆蟲、實習，還教地質、土壤、有機和無機化學這些跟農業有關的科學知識。雖然有些教員只跟着講義講，博物科仍然用日本書的圖當作標本，但是也有認真的教師，他們講解清楚，督促嚴格，常常測驗。

有志者不怕折磨

幾年裏，他的家人用各種方法為他借錢。好不容易等他從國立學校畢業，想找一份跟農業有關的工作，但是僧多粥少，托了人介紹，仍然找不到。家人嘲笑他，說讀書無用。父親雖然愛他，但債主一來催逼，就動氣而生病，貧病中責備他說：

「我十多歲負起一家的債，從早到晚，勤勤懇懇教書，節衣縮食，到今六十多歲。你二十多歲，還不

肯出錢供弟弟讀書。」

　　沈宗瀚沒辦法，只好接受一份家庭教師的工作。幾年之中，他只做過一份跟農業相關的工作，就是在湖南管理棉花實驗場。但是湖南兵荒馬亂，做了不久，兩派軍閥打起來，性命要緊，這份農業工作，也就做不下去了。農業改良工作受地域的影響很大，要在同一地方工作十年二十年，才能夠見到成績。政局動蕩，對中國農業的影響實在太大了。

　　農業的夢似乎遙不可及。這幾年裏，有人勸他安於眼前，也有人叫他做農業以外的工作。沈宗瀚想：

　　「我為了減輕農民的辛苦，立志改良農業。現在讀完農業專門學校，如果這時候放棄，豈不是前功盡廢？自己天資中等，最大的長處是勤力，我相信我有恆心繼續自修。」

　　於是他一面工作儲錢，一面加緊學英文，因為這時候他的目標已高了一層，他想到美國留學。

　　到他年近三十歲，終於儲了千多元，借了千多元，在家人的反對聲中去美國留學。

學業有成

　　去到美國，他進的是一間地方農業學校，程度不高，但教授對實地改良棉作有經驗。他有過試植棉花的經驗，又用心學習，成績很好，很快就念完碩士。他憑學業成績和教授推薦，申請到中國政府的補貼，於是去上美國康乃爾大學。這家大學是美國東部的名校，農業系的遺傳育種學很有名，前面提過的胡適，就是在這裏做蘋果分類功課的。

　　在這裏，他發現有一種小組討論會的課，十分有趣味。教授發一篇新而重要的論文供學生閱讀，學生輪番負責評論。上課時，先由這次的主講學生來評論文章，然後其他人再發表意見，有時大家辯論很激烈。他後來知道，這種課是訓練研究生讀深奧文章的能力和學術見解的。在這種課堂上，大家都要提出意見，也要聽別人批評自己的意見，這讓他學會了精密思考。

　　同時，康乃爾大學也培養他的動手能力和敏銳觀察。有時他隨教授旅行，到處考察實際種植的情況，

這增加了他的見聞。他自己的實驗，是在園圃記錄小麥生長的情況。即使只是實驗，田間工作還是辛苦的，天氣熱，出汗多，但是他連一條工作褲都捨不得買。到他博士畢業之前，他的教授也到園圃來，跟他一同做紀錄，原來是培養他選良株淘汰弱株所需要的田間視察能力，因為觀察精確非常重要，是遺傳育種家成功的必備條件。

當時很多在中國讀農業學校的學生，手腦不能並用。而他在康乃爾，在教室及實驗室學了知識，訓練了頭腦，掌握了原理；經過實習，他知道田間的技

術，詳細了解育種的方法，動手種植，難不到他。而且他在實習中，反覆考慮過這些方法能不能用在中國，那麼以後在中國做實地育種，就容易多了。

康乃爾的教授讚賞這個用心學農業的中國學生，推薦他成為在紐約的世界教育會的研究員。他來美國的時候，坐船坐三等艙，回中國的時候，得到世界教育會資助，坐頭等艙回去，心裏很有感觸。以他的家庭能力，小學畢業已屬難能可貴。他從十七歲立志讀書濟世，到三十三歲回國實踐志願，十多年來，做到堅忍不拔。如果不是時刻做準備，又怎能成功呢？

回到中國，那些拒絕過他求職的大學農業系，都請他教書。他為了讀書和留學借的債，也逐步還清了。更重要的是他終於有一個位置去實現他的志願，將所學得的現代農業知識，配合中國環境，擬定改良品種的方法。

不負恩師厚望的物理學家嚴濟慈

嚴濟慈（1901－1996年）中國科學院副院長、應用物理研究所所長，奠定中國現代物理學研究基礎。

農村小子嚴濟慈從來沒想過能坐在大洋船上，去法國留學。這次離開中國去深造，他一方面高興萬分，一方面憂慮重重。

　　因為他沒有錢，家裏也沒錢供他留學。他這個剛從大學畢業的二十三歲年輕人，踏上征途，是因為三個大學老師認定他是一個有天分的理科人才，於是自告奮勇，提出共同資助他出國的。

老師義助

　　三個共襄盛舉的教授裏，有兩個是留學法國的數學家何魯、熊慶來，一個是留學美國的物理學家胡剛復。

　　那怕這三個人都是名教授，可是當時他們自己的家庭經濟擔子很重，孩子多，開銷大，還要經常接濟家族的親友，並沒有餘錢。但作育英才的心，讓他們甘於犧牲自我，義助嚴濟慈出國。

　　為什麼去法國而不去美國呢？因為當時法國的

學術成就比美國高。而且，法國實施平民教育政策，大學可以任人免費聽課。要做正式學生，只要交一點點錢的註冊費，經濟負擔比美國少得多。法國大學也不必考入學試，只要證明中學畢業，就可以註冊做大學生。要從大學畢業，只要報名考幾個試，合格就可以得到文憑。不過，這些文憑考試非常難，很多人讀一年只能應付一科考試。有些人考幾次都不合格。這種大學教育的方法，叫做寬進嚴出。誰都可以做大學生，但只有真正用心向學、能力達到標準的，才可以做大學畢業生。不像我們現在大家爭着考好入學試去做大學生，卻很容易就畢業，連大學的真精神是什麼都不知道。

何魯和熊慶來熟悉法國情況，他們指點嚴濟慈先去中學讀幾個月，學好法文，然後去巴黎大學註冊。

1923年深秋時節，嚴濟慈靠親友和自己的積蓄作路費，懷着又驚又喜的心情出國。資助的幾個老師無力一次給他一大筆錢，嚴濟慈手上的錢，只夠他在法國生活兩三個月，以後就要靠老師們滙錢給他了。無論老師和學生都知道這條自費留學的路很艱難。

嚴濟慈在搖搖盪盪的大船上，不能夠長時間讀書。面前海天一色，一望無際，他思潮起伏。他離開上海前夕，跟胡明復告別的情景常常出現在腦中。胡明復是胡剛復的哥哥，是留學美國的數學家，也是一心推動中國科學發展的教授。嚴濟慈知道胡明復雖然

只是三十出頭的年輕人，卻是個很深沉，不多講話的人。胡明復送他走了很遠，一直沒有說話，而跟他握手三次，一次比一次用力。最後不得不分別時，胡明復只說了一句：「我們可以通信。」兩人一分手，嚴濟慈回過頭去，不禁灑下男兒淚。

他想起胡明復安慰他説：「你遠居國外，不要擔心經濟。」胡明復是官費留美的哈佛大學博士，當年不用為錢操心。現在他在貧困的中國教大學，很明白生活的壓力，這樣説只是為了減輕嚴濟慈的憂慮。

得到這麼多老師器重，嚴濟慈默念：「我一定要自勉，要努力！」

過印度洋的時候，很多人嘔吐暈船。嚴濟慈沒有暈船，他來自農村，自小做農活，身體強健。這一番遠涉重洋，前途未卜，他盼望中國科學可以發展起來，以後中國的青年不必再像他那樣，辛辛苦苦去外國留學。

在法國絕糧

到了法國，最初兩三個月似乎一切順利。嚴濟慈省吃儉用，在距離巴黎不太遠的小鎮讀中學，非常用功學習法文，每天的生活很有規律。他雖然讀理科，但是因為知道學好法文的重要性，所以連法國古典文

學也讀得津津有味。

可是他手上的錢漸漸用光了，老師約定的滙款卻見不到。他開始心急了。他天天盼望收到消息，一下課立即趕回家看信，信箱卻總是空的。於是他陷入失望的深淵。晚上從學校回來，就到牀上躺着，腦裏胡思亂想：

「到今日此情此景，我不能夠支持了。」

他不是疲倦或者生病，只是一直受焦慮感折磨：

「沒事做，沒書讀，沒錢用，沒飯吃，這個月的事不知如何解決。我已經神思恍惚，不能再想了。我長這麼大，這種失望者的懶惰、焦急者的怨恨，從來沒有經歷過。」

沒錢的時候，往往要花錢去催錢。他想打電報回國，問滙錢情況。想到每個字要用二十五法郎，打一個短電報用去二百法郎，在他現在的境況，這筆錢不是小數目，只好繼續等。

四月法國學校放假了，又開課了，但是他已經沒錢上學，連房租和飯費都要欠帳了。一個人坐着臥着，不知為什麼靜靜地就流下淚來，而且源源不斷，

這種情況有時一日幾次。

他不斷安慰自己：「我怎麼會這樣呢？我要自愛一點，控制一下。滙款應該很快到的。」於是逼自己拿起書來讀。但讀不了兩頁，盼望滙款的念頭又跑出來。想到前路茫茫，默默希望老天會給他一條生路。

幸好後來滙款收到了。原來老師何魯的妻子病了，他的錢全用來給妻子治病，只好拖到這時候，才把三個月的錢一次寄出。嚴濟慈既埋怨老師作這樣安排，怎麼不先寫信説一下？同時，他又拿着何魯的信，不斷流淚，深表感激：

「何老師如果不是真正有困難，決不至於讓我陷入這困境，他或許也在同情我，為我流淚呢！他愈困難，我對他只會愈感激。」

嚴濟慈知道何魯從前也是自費留學法國的，完全是自食其力的青年。他留學回來，要向中國科學社借四百元。嚴濟慈曾經幫中國科學社整理資料，而胡明復是中國科學社的義務會計，他見到胡明復給何魯老師的信，談到所借的錢。從信中，嚴濟慈知道自己出國時，何魯這些欠了四年的錢，仍沒有還清。

嚴濟慈讀大學的時候，何魯是第一個賞識他的教授。何魯轉到別的學校教書，仍然不忘幫助他的學業，讓他在長假期時住到家裏，看他的法文藏書。其實幾個資助他出國的教授，本來都可以自己做研究，發展自己的學術成就，卻為了培養下一代的中國科學家，犧牲自己，努力做科學教育工作。

嚴濟慈只盼能以讀好書來回報他的幾位恩師。

要掌握做實驗的科學

他在中學補習了半年法文，同時用他的中學畢業證書在大學註冊，考了一張高等數學文憑。到這時候，他在法國還沒有上過一天高等數學課。

以後，他沒有那麼擔心經濟問題了。他覺得自己溫文有禮，又考到文憑，滿屋圖書。大概要問人借錢，新認識的朋友也會借給他，欠房東一兩個月房租，也不會被視為無賴。接下來他又考了三次試，拿了三張文憑。他到法國才一年多，就拿了碩士學位，

而且成績很好。教授都對他另眼相看，希望做他的博士導師。

　　1925年夏天考完試之後，他去拜訪物理系的法布里教授。教授見他數學根底好，問他為什麼要讀物理，不讀數學。嚴濟慈說，中國科學太幼稚了，要有人做創建研究所、開設實驗室等工作，所以自己不想放棄實驗科學。教授說他的實驗室名額有限，很多人想加入，但是沒有做出好成果，所以他的實驗室收人的要求很嚴，但是嚴濟慈的意志堅定，學識又好，一定給他一個位置。叫他暑假好好休息。

　　暑假之後，嚴濟慈就在法布里教授的實驗室裏研究石英。為了做實驗，他去拜訪居里夫人，向她借石英晶體片，得到她熱情招待。

石英是導電的物質，嚴濟慈之前，法國的科學家已經發現石英在導入很少電流之後，會變形，輪番導入電流，它會很

有規律地振動。不導入電流，但給它外力，也會有變形的效果。但是石英的變形是很小的，只有一個毫米的百萬分之一，很難測得出來。嚴濟慈花了近兩年，創造性地想出一個測試方法，精確地測到石英出現多大的變形的實驗數據，寫成論文，得到法國國家博士。當時法國的制度，博士要由國家頒的才算數。大學的博士是給外國人頒的，法國人不能讀，也不重視。

嚴濟慈對石英的研究，跟你我的生活都有關係。我們的鐘錶上、電腦裏，就用上石英。平常我們那怕說要分秒必爭，但生活裏，時鐘準到一秒就很足夠了。但許多科學或者工程工作，對計時的要求高得多。用好質量的石英鐘，每天可以準到十萬分之一秒，二百七十年才差一秒。

嚴濟慈精確地測出實驗數據，對做出準確極高的鐘錶和其他器物，十分重要。

嚴濟慈的論文很受重視，巴黎的報紙上稱他為中國科學家，他的論文在法國的物理雜誌上發表，法國物理學會還請他去演講。嚴濟慈既沒有辜負法布里教

授給他一個實驗室的工作名額，也沒有辜負義助他的中國老師。

載譽回國

　　1927年，他又一次乘着大船飄過印度洋，載譽回到中國。許多大學聘請他。他教了一年書，再去巴黎進居里夫人的實驗室進修了兩年。回來之後，他接受了薪金不高的國立研究院工作，主持物理研究所，又設立了鐳學研究所。雖然中國條件艱難，但他向法布里教授表示在中國成立研究所、實驗室，做科學實驗工作的志願，終於達到了。

　　幾年之後，物理研究所來了一個年輕人錢三強。嚴濟慈很欣賞錢三強，主動安排錢三強去法國留學，介紹他進入居里夫人實驗室，培養錢三強成為出色的物理學家。

　　中國人說薪盡火傳，從何魯等老師，以及嚴濟慈身上，充分見到代代相傳、作育英才的精神。

努力實驗的生物學家童第周

童第周（1902－1979年），中國實驗胚胎學主要創始人。

做實驗是現代科學的一個特點。人類從來都做試驗，像神農氏嘗百草，實驗比試驗多了一些要求，甚至還要在專門的實驗室裏做。

童第周是因為聽了一次講座，了解到實驗的重要性，從此努力做實驗。他研究的是生命的奧秘，尤其是當生命還是胚胎的時候。由於不斷努力，他為中國開拓了實驗胚胎學。

一次講座

童第周在上海的復旦大學讀心理學。有一天，系裏貼出布告，說校長兼系主任郭任遠會做一個學術講座。童第周慕名去聽，沒想到這個講座改變了他一生。

郭任遠是年輕的心理學家，比童第周不過大四歲。這個還不到三十歲的青年，在美國讀心理學的時候，已經發表論文，反對當時心理學界風行的説法，不同意許多所謂動物本能的説法。他的科學精神很

強，不怕權威，最常說的話是：「拿出證據來。」他回到上海教書之後，經常做演講，又在報紙上寫文章，介紹心理學的最新研究以及自己的主張。當時上海喜歡科學的青年，大都讀過這個鋒芒畢露的心理學家的文章，也被他的演講吸引。

童第周去聽郭任遠的演講，對他以貓和老鼠同籠飼養，證明貓吃老鼠不是本能的實驗，印象深刻。這個實驗的結果，連同一張老鼠騎在貓背上的照片，寄到美國的心理學雜誌上發表，頗為哄動。童第周於是聯想到，一切都要通過實驗，以實驗的證據打破前人的學說。他終生不忘郭任遠給他的這個啟發，終生去實踐它。

郭任遠讀書的時候，留心的知識已經很廣泛，哲學、物理、生物他都有興趣，也去鑽研。在復旦大學，他不但辦心理系，還把更多知識引入心理研究裏面，辦了心理學院。除了結合跟心理學密切相關的生理學之外，他又發展生物系，突破當時中國的生物學停留在動植物是什麼形態、怎麼分類的做法，開始以實驗研究動物。他還將這種實驗精神發展到復旦大學

附屬的中學。

郭任遠提倡學生自己看書、看雜誌，他的教學方法就是學生先看書，然後大家討論。這種啟發式的教學，跟孔子講的「不憤不啟，不悱不發」的精神是共通的，也是當時歐美的大學重視的方法。童第周在這種環境下，養成看學術雜誌的習慣。

憤而出國

1926年童第周畢業之後，在一個縣裏找到一份工作。當時中國是軍閥混戰的時候，童第周性格耿直，他不喜歡政府的工作環境。他給大學的生物學老師蔡堡寫信，老師請他回大學做助教。這關鍵的一步，讓童第周踏入一個做科學研究和科學教育的領域。

蔡堡是生物系的教授。童第周聽了郭任遠的講座之後，對科學產生了興趣，於是經常去聽蔡堡的生物學課，聽他講細胞、講生物的生理。聽課之後，又

問很多問題。童第周是個滿腦子想像的人，他經常想，為什麼眼睛會長在頭上，身上會長出手腳來。生物學講生物的發育，滿足他滿腦子的好奇。蔡堡認為童第周好學，又勤於思考，除了回答他的問題，還介紹他看參考書。有一次，童第周問蔡堡：「我們研究生物的生理是怎樣的，但我們知道生物是怎麼繁衍的嗎？」蔡堡於是給他講生物由胚胎發育出來的知識，童第周才知道生物學裏面，有胚胎學。他從朦朦朧朧開始，發展到以後竟然專門做胚胎的實驗。

童第周做助教很勤力，研究學問是他喜歡的工作。可是做了兩年多，耿直的童第周又不滿了。他發現很多留學回來的教師平時並不做學問，教書也馬馬虎虎，常常去打麻將。只是見到他們這些沒有去過留學的人，就趾高氣揚，認為自己高人一等。童第周想，他們憑什麼那麼不可一世呢？中國的科學跟歐美還有一大截差距，這些留學生卻不用功鑽研。有一次直接被一個留洋教授嘲諷之後，他就萌生了自己去留學的念頭。

可是這時候他剛剛結婚半年，妻子正懷着孩子，

全家就靠他做助教的收入來生活，也沒有積蓄。他去留學，妻子怎麼辦呢？幸好童第周的妻子也是讀生物的，她明白進修很重要，為了童第周的前途，就同意了。留學的錢，是童第周的哥哥問朋友借的。本來借了一千五百元，但是出發之前，借錢的人有急用，取回五百元。童第周拿着剩下的一千元，坐火車取道西伯利亞去比利時。

手藝超羣

比利時是個小國家，但是中國學生很早就去比利時留學，因為比利時的工業革命發生得早。英國是第一個產生工業革命的國家，比利時跟英國有很多連繫。從前，英國的手工業落後，不少手工業是由大批逃難去英國的比利時工匠傳授技術，協助發展的。英國發生工業革命，以機器取代人力之後，反過來影響了比利時，因此比利時是歐洲大陸上首先出現工業革命的國家。

1930年童第周抵達比利時。起初他連找地方住也有困難，很多比利時人不肯租房間給中國人。童第周最後經朋友介紹，找到一間小房間，房東是個中年婦女，她人品很好，重視平等，對中國人很客氣。她幫了童第周很大的忙，除了幫他找學校學法文，又幫童第周練習講法語，最後還給他寫介紹信，讓他求見布魯塞爾大學的生物學教授布拉舍。而曾做布魯塞爾大學校長的布拉舍教授，竟然一口答應讓他進實驗室做研究。

原來布拉舍教授曾經在法國一段時間，他的法國教授好朋友常常在他面前稱讚一個叫朱洗的中國學生，說朱洗把他的學問都吸收盡了。布拉舍於是對中國學生留下很好的印象。朱洗後來也是中國有名的實驗胚胎學家。

童第周在實驗室，最初只是默默地工作。而且他自費留學，靠哥哥接濟，或者妻子典當換錢，除了讀書做研究，並沒有太多活動。而幫助他的教授布拉舍又一病離世，由他的學生達克來領導實驗室。

春末有一天，實驗室想用青蛙卵做研究，看看兩

棲動物的胚胎，在早期是怎樣發育的。這個實驗要把青蛙卵的膜剝開，以便能清楚地觀察它的變化。但是青蛙卵很小，才一毫米大，又圓鼓鼓的，滑不留手，怎麼剝呢？用小鑷子夾，不是夾破了，就是溜走了。大家都試過，還未找到方法。達克讓童第周來試一下。中國是個手工藝發達的國家，江南尤其是以精緻手工藝出名，不知道童第周那裏學來一雙巧手，他慢慢試，慢慢練，竟然成功了。他先用很小的針在飽滿的青蛙卵上刺一下，讓卵裏的壓力泄出來，再用兩支小鑷子撕開卵膜。找適合大小的針，用恰好的力度刺而可以弄破，又不會弄壞裏面，是個難題。達克見到童第周解決了這個難題，十分高興，還開玩笑地吩咐實驗室的人：「這項技術要保密！」從此童第周手上多了很多工作，也令他練出出色的動手能力。

布拉舍教授曾經在法國西北海邊的海洋生物研究所做過研究，所以實驗室的研究人員經常去這裏做研究。這個研

究所很有名，聚集了世界各地很多生物學家。

　　達克要用一種叫海鞘的海洋動物的卵子來做研究，也是剝開卵膜，研究胚胎。這海鞘卵子比青蛙卵還要小，只有青蛙卵的十分之一。在顯微鏡下，童第周也用他精細的手藝剝開了。不過童第周並不是只會做手工的人，他研究海鞘的胚胎裏面，那些形成器官的物質怎樣分布，他的研究成果在海洋生物研究所展覽。英國來的李約瑟見到童第周的研究，很感興趣，可惜當時童第周已經跟老師回去比利時。李約瑟後來因為接觸到中國留學生，對中國古代科技發生興趣，改為研究中國古代科技歷史。這都是後話了。

學業有成

　　童第周在實驗室雖然做得起勁，但是他去比利時才一年，發生在中國東北的九一八事變，卻令他幾乎不能留下來。

　　1931年9月日本侵佔東北，令童第周等留學生很

努力實驗的生物學家童第周

氣憤。而有些不明白真相的比利時人，認為中國人太無能了，時常嘲弄中國來的學生。去理髮店，有比利時人罵中國人又窮又沒用。童第周生氣起來，跟他們吵，怪他們從來沒去過中國，光靠報紙上那些不客觀的話，就罵中國不好。又一次童第周和同學坐火車，有幾個比利時人迫他們讓出座位。他們不讓，還反唇相稽。童第周回到家，仍然很生氣，把這件事告訴女房東。女房東很支持他，還說他們在火車上應該按鈴，讓火車停下來就更好了。

童第周和同學組織遊行，去日本領事館示威抗議。比利時地方小，不想承受日本的壓力，於是把他們逮捕了，判了兩年監禁，幸好有律師為他們辯護，又得到一些比利時人同情，才改判緩刑。

童第周安靜的實驗工作，是在忍耐怒火的心情下做的。

在比利時四年，他寫了好幾篇關於蛙和海鞘的論文，都得到教授達克讚賞，認為他是一個能夠獨立思考，獨立完成工作的研究者。1934年他得到博士學位，達克想他再留一年，拿到更高成就，才回中國。

童第周記掛妻子和還未見過的孩子，而且想在中國做出研究成果，而不是在外國，於是辭別達克，起程回國。

一台解剖顯微鏡

童第周在中國繼續做海洋生物的研究，所以去了山東青島教書，那裏就在海邊。可惜好景不常，三年之後，中日戰爭全面爆發。許多大學都搬到中國西南，避開戰火。童第周一家也輾轉來到四川。

四川、雲南突然來了這麼多人，連住的地方都不夠，更談不上好的研究條件了。但是只要條件稍為許可，教授還是努力做研究，學生還是努力讀書，學術氣氛很好。為了不亡國，為了保住中國的學術命脈，大家志氣高昂。

童第周在大學找到工作，當時學校設在破廟裏，實驗室就設在走道，有人走過，就要暫停做實驗。因為燃料短缺，學校點的是菜油燈。童第周只能利用太

陽光在普通的顯微鏡下做實驗，有什麼條件就做什麼研究。

有一天，童第周在回家的路上，發現舊貨店裏有一架德國出產的雙筒解剖顯微鏡，他大喜過望。心想有了這顯微鏡，就可以做很多研究工作了。但一問價錢，是他和妻子兩個人兩年的工資，他根本買不起。此後他天天經過舊貨店，愈想愈捨不得，終於回家和妻子商量。兩個人決定跟熱心科學的朋友借錢，為了買下顯微鏡做實驗，他們欠債十年。

1942年，那個在法國和童第周緣慳一面的李約瑟來到四川。他聯絡上童第周，兩個人第一次見面。李約瑟見到那在荒山破廟裏的簡陋實驗室，對他在這樣的環境裏還堅持做研究，寫論文，十分欽佩。

那怕以後的條件再艱難，童第周也想盡辦法做實驗，而且得到很多成果，有人稱他為中國複製動物之父。

初中畢業的數學家華羅庚

華羅庚（1910－1985年），現代數學家，中國現代多方面的數學研究的創始人，也是知名於世界的中國數學家。

人人都説他是一個傳奇，因為他只讀到初中畢業，左腿又不良於行，竟然憑着自學，成為譽滿世界的數學家。

沉迷數學的窮學生

華羅庚喜歡動腦筋，是個有分析頭腦的學生，但是他喜歡玩，所以他的小學成績並不好。1922年，他小學畢業，本來沒有機會讀中學。他的故鄉在江蘇常州地區一個叫金壇的地方。恰巧這時當地讀書人韓大受要推動家鄉教育，創辦了金壇初中，於是華羅庚幸運地可以在家鄉繼續讀書。

剛入初中一年級的時候，他仍然很貪玩，常常跑去看戲，結果第一學期的考試，數學不合格。金壇初中規模不大，華羅庚那一級只有八個人。韓校長知道這個窮孩子要補考，勸他好好珍惜讀書機會。受了這個教訓，華羅庚憑着努力，初二以後，數學就好起來。以後考數學，如果題目容易，數學老師就會跟他

說：「今天題目太容易了，你去玩吧！」

事實上，華羅庚的初中數學老師很會教書。當他講兩點之間直線最短，就舉狗吃餅的例子。他跟學生說，在一定距離的地方，拿餅叫狗來吃，狗一定是直走過來，不會彎彎曲曲地跑來。可見狗也懂得兩點之間直線最短這個道理。他叫不相信的同學，回家拿塊餅試試，引得同學大笑不已。

華羅庚回憶起當年，並不怪老師不懂賞識人才，他說：

「不合格是應該的，小時候太貪玩了，未好好學習，再加上試卷寫得很潦草，怪不得老師。」

華羅庚是個主動的孩子。級主任王維克是讀數理的大學生，華羅庚知道他家裏有很多書，常常向他借書看。王維克也覺得華羅庚肯動腦筋，有才華。他發現華羅庚借書雜亂，什麼都想借，就告誡他：「做學問好比挖井，要認定目標深挖下去，才能找到泉水。」可惜他在金壇初中只教了一年，就去法國留學了。

華羅庚在這人數不多、歷史不長的初中，得到

關心和教育，又奠下對數學的興趣。十五歲，他畢業了。沒想到這就是他的最高學歷。

無錢繳費，回家自學

華家沒有錢供他讀高中，只能讓他到上海讀職業學校。在這學校雖然免了學費，但是華家交不起飯

費，只讀了一年，華羅庚就退學回家，在父親的小雜貨店裏幫忙。那時候，他有三本數學書，一本代數，一本幾何，一本五十頁的微積分。他在櫃台前，幫忙招呼顧客、打算盤、記帳，但是顧客一走，又埋頭演算數學習題了。有時做得入迷，忘了接待顧客。他的父親又氣又急，見他的數學書上全是看不懂的符號，就罵他只顧看天書。

　　1929年，王維克回到金壇初中做校長。他發現

華羅庚失學在家，就請他到學校做會計。一個學期後，又準備搞一個補習班，讓華羅庚去教數學。華羅庚只有初中畢業程度，本來不夠資格教初中，王維克重視實力，不介意學歷，他敢破格用人。誰料補習班還未開始，華羅庚染上傷寒，這是一種細菌引起的腸道傳染病。王維克不僅在經濟上幫助華羅庚，還冒着被傳染的危險去探病，給他一點精神上的安慰。由於華家請不起醫生，華羅庚只能聽天由命。他在牀上躺了半年，總算痊癒了，但是由於長期卧牀，左腿股關節黏連，他變成拄着拐杖走路的殘疾人。一個曾經活潑貪玩的孩子，變成一個走路困難的十九歲青年。

病好之後，王維克仍然讓他在學校教了一個月補習班。有人不滿意王維克的安排，去教育部門告狀，說他任用不合格的教員。王維克一氣之下，辭了校長之職。幸好老校長韓大受也是欣賞華羅庚的，仍然讓他當學校會計，維持生計，因為這時候他已經有妻有女，要養活一家三口。

數學只要有一張紙，一支筆就可以做研究了。華羅庚走路不方便，書也沒錢多買，工作之餘，數學

還是很適合他埋頭研究的。他有時把研究心得寄到雜誌上發表。知道誰的數學好，他也主動求教。他聽聞金壇有一個同鄉唐培經，到了清華大學數學系任教，就給唐培經寫信，請教數學問題，還附上他的數學演算。兩個人未見過面，先以書信來往，成為朋友。

破格提拔

　　1930年，華羅庚在科學雜誌發表了一篇討論數學的文章，引起清華大學數學系主任熊慶來注意。熊慶來是個熱心教育的人，尤其愛發掘人才，他覺得華羅庚講的數學問題很有道理，是個人才，但他多年來聘請許多數學教授，從來未聽過中國數學界有一個人叫華羅庚。他問系裏面的人，有沒有識華羅庚的。唐培經於是把華羅庚的情況，告訴熊慶來，說他是中學的會計，不是大學教授。熊慶來認為這樣熱心刻苦地自學的人，又能夠有相當見解，應該設法讓他有更好的學習環境。於是請唐培經聯絡華羅庚，請他到清華

大學工作。

1931年，華羅庚坐火車到北京，唐培經拿着他的照片去接他，才知道他不良於行。

一個初中畢業生在大學可以做什麼職位呢？熊慶來費煞苦心，安排了一個助理的職位給華羅庚。工作就是管理系裏的圖書，收發一下文件，比較清閒，有時間學習。熊慶來把華羅庚的座位安排在附近，經常跟華羅庚談數學問題，有時請他幫忙改學生的作業。

有個新生第一天來數學系，跟他聊天熟了，問他：

「你是不是這裏的教授？」

華羅庚説：「不是。」

「是不是學生或研究生？」

華羅庚説：「也不是。我是這裏的『半時助理』。」

新生摸不着頭腦。

華羅庚解釋説：「大學畢業的當助教，高中畢業的當助理，我只是初中畢業，所以當個半時助理。」

華羅庚是單身到北京的，他的妻子和女兒仍然在

金壇。每當長假期回家探親，熊慶來總是依依不捨，怕他嫌錢少，不肯再回來。華羅庚說：

「他那裏知道，清華給我的錢比金壇初中給的優厚多了。清華對我來說是求之不得的。」

在大學仍靠自學

剛來清華的華羅庚，數學已有大學高年級學生的水平。他又想到自己讀書少，別人用功，他就得加倍用功才安心，一天工作看書超過十二小時。雖然熊慶來安排他去聽課，華羅庚主要還是靠自學，趁大學圖書較多之便，讀了很多重要的數學著作，有一些還反覆鑽研。在清華的初期，他沒有寫數學文章了，他認識到高級數學的領域既深又廣，就不再做初級數學水平的文章。

同時，他還學英文、法文和德文。歐美國家的數學水平好，他要看懂用這些語文寫的數學研究。他的英文不好，確實只有初中水平，但他努力讀英文的數

學著作。數理科目的英文比較容易學懂，華羅庚為了一口氣讀通一篇文或一本書，第一次讀的時候不查字典，猜測意思，再讀才查字典，就這樣他慢慢掌握英文的數學用詞。

這樣一年半之後，大家對華羅庚的水平比較了解，對他的苦幹也很欣賞。

1933年，數學系提請理學院破格提拔華羅庚，升為助教。大學裏面職員和教員是兩個系統，所以這是一個重要改變。理學院院長葉企蓀也是個愛才的人，他說：「清華出了華羅庚是一件好事，不要被資格所限。」於是華羅庚就從大學的職員變成教員。

沉潛了兩年，積蓄了力量的華羅庚又開始發表論文了。他的論文不但中國的數學刊物接受，外國的刊物也發表，連當時被認為最重要的數學刊物——德國的《數學年鑑》也給他刊登。他成了一個高產而質佳的數學家，聲名鵲起，同儕佩服。

不過，與歐美地區，包括蘇聯的莫斯科比起來，中國當時的數學研究水平還不高。清華時常請外國的著名數學家來訪問，促進數學發展，這讓華羅庚有機

會接觸到世界級的大數學家。1936年他得到系裏同意，又得到公費資助，去英國劍橋大學跟從名數學家哈代進修兩年。

醉心學問，不要博士學位

華羅庚在劍橋大學沒有讀博士。據說，當時哈代去了美國，交帶助手跟他說：

「你的著作多，完成一篇好的博士論文，沒有問題。兩年就可以得到博士學位。」

華羅庚謝過他，說：「我在這裏只有兩年時間做研究，要多寫一些有價值的文章。念博士還有各種瑣細要求，太浪費時間了。」

哈代的助手很意外，說：「從東方來的人，不稀罕劍橋大學博士學位的，你還是第一個！」

可能對沒有高中學位、學士學位，又習慣了自學的華羅庚來說，有沒有博士學位不是最重要的。清華已經兩次破格提拔他。他心裏明白，博士學位可以是

個虛銜，在世界數學家眼中，數學研究的成績，比博士名銜更有價值。

華羅庚在劍橋兩年，接觸很多數學名家和青年學者，寫了十多篇論文，做出世界第一流的工作，受到國際數學界注意。而他的一些研究結果，也被老師哈代引用在著作裏。

在英國，走不好路的華羅庚還學會騎自行車。因為當時有好幾個中國學生在倫敦和劍橋，他們假日相約騎車去玩，才廿六、七歲的華羅庚不會騎。他不顧左腿有毛病，堅決找人扶車學習，過程當然是艱難的，他卻學會了。他說：「我坐上自行車，請人一推，我騎着就往前跑。」

從英國回來，清華大學一致通過華羅庚直接成為教授。

從坐火車到北京，到成為教授，還不到八年時間。他未經過副教授等職級，又沒有博士學位，第三次打破清華大學的用人傳統。這也可以見到清華大學當時學術獨立，不受死板規定約束。

學習科學的精神

　　華羅庚常常説：「新的數學方法和觀念，往往比解決數學問題本身，更重要。因為新方法新觀念有更普遍的作用和意義，而且能將數學引向深入發展。」

　　也就是説，數學上一個問題，經過很多數學家用盡平常的方法去求解，還未得到答案，這時候就需要有新觀念、用新方法去解決問題，而解決的方法也被視為數學上的貢獻。華羅庚的特點就是直接切中問題的核心，所以他成果多，而且有新發展。

　　華羅庚回來時，抗日戰爭已經爆發。北京淪陷，清華遷到西南後方，大家擠在破房子裏，繼續學習研究，生活條件很差。華羅庚沒有放棄數學研究，繼續發表很多研究成果。蘇聯和美國的研究機構都請他去訪問。

　　美國有個青年數學家説，華羅庚的成就，説明好的學者在最惡劣的逆境之中，仍然能夠做出出色的成績。

　　當大家傳誦他的傳奇時，華羅庚拒絕承認自己

是天才，他強調自己只是平凡人，靠的是努力。他勸勉青年人，一個人一生中，進學校靠人傳授知識的時間，畢竟是短暫的，猶如媽媽扶着走，在一生中是極短的時間一樣。學習大部分時間是靠自己努力。他最深的體會是，科學的根本是求實，是精益求精的學問，每前進一步都要付出很大的勞動。天才在於勤奮，只要不畏艱難，鍥而不捨，嚴格要求自己，一定能登上科學的高峯。

由文轉理的力學家錢偉長

錢偉長（1912－2010年），中國力學家，應用數學家，中國近代力學和應用數學的奠基者之一。

「1.49公尺。」為新生量身高的人寫下來。

清華大學的體育老師馬約翰，抬頭看了看這個瘦小的男學生，又看看新生資料：籍貫無錫。「從沒有過這麼矮小的男生。還來自江南魚米之鄉呢！」他心裏納悶。

這個十九歲、來自七房橋村的文弱學生叫錢偉長，父親早死，家裏窮，他是長子。一門孤寡的生活都靠宗族的義莊撥錢接濟，讀書靠叔叔供給，讀大學靠考到清貧學生獎學金。他從小沒有穿過新衣服，可能也從來沒有吃飽過，而且因為農村衛生差，生過很多種病，發育不良。

他準備在清華大學讀文學或者歷史，他這兩科成績很好，兩個系都想要他。

況且他有特別的優勢：他的親叔叔錢穆是北京大學的歷史教授，來往的都是文史名家。他讀文史一定如魚得水，出類拔萃。

兩項大轉變

　　1931年9月16日入學這一天，一切都按部就班。沒想到第三日發生了九一八事變，日本侵佔了中國的東北三省！他一生的方向從此改變。

　　日本自從明治維新成功，竟然學了歐美列強來壓迫中國。三十多年來，佔了台灣，在上海劃了租界，控制了旅順、大連、青島這些港口，染指福建，要建鐵路，搶礦產。這一次更悍然入侵面積大、資源多、土地肥沃的東三省，威脅北京。日本要逐步滅亡中國，再也不掩飾它的野心了。

　　錢偉長和身邊的同學都氣極了。他罷課、遊行，同時決定轉讀物理。

　　「我要以科學救國。」瘦弱的錢偉長向暫任物理系系主任的吳有訓說。

　　吳有訓看看錢偉

長的入學成績：理科不合格，英文也不好。

「你還是讀文科吧，讀文科也可以救國。」吳有訓循循善誘。

錢偉長不肯放棄，他已經立定決心，不達目的誓不罷休。接下來一星期，他天天去找吳有訓。吳有訓沒法說服這個固執的年輕人，又理解他的愛國激情，於是提出一個條件：「你試讀一年，如果數學、物理、化學任何一科不到七十分，就轉回文學院。」

於是他和另外四個也要求轉系的同學試讀物理一年級。

他怎麼可能考到七十分呢？他的理科欠缺根底。因為戰亂和生病，他小學時常停學，初中三年又只讀了兩年，而且有一年不是上正規課程。考入高中之後，為免畢業後不夠條件找工作養家，他努力學習每一科，不管自己喜歡與否。這間省立的高中師資很好，數學老師見他刻苦，家境又困難，非常同情他，額外給他補課。無奈他基礎太差，縱使不參加任何活動，整天苦讀，理科仍只能從全班最後一名追趕到中下的隊伍。現在他要在大學裏主修理科，要在一年裏

追上理科出色的同學，他要下多少苦功？以他的體力能承受嗎？苦讀是很消耗精力的，清華的課業又重。

幸好清華大學有美國作風，很重視體育，每天規定時間迫學生做運動，避免學生只顧讀書，讀出毛病。錢偉長在運動方面，本來一無所能，但在他第一年拼命啃物理科課本的時候，同學的越野賽隊伍不夠人，拉了他湊數。初生之犢不畏虎，他答應了。他平時沒有訓練，一上來就跑越野賽，只好咬牙強忍，堅持跑到底。體育部副主任馬約翰見這個瘦小男生拼勁十足，竟然把他選入大學越野隊。這伯樂相馬的行動，是這一年裏第二件影響錢偉長一生的事。

馬約翰是教會大學的畢業生，只因喜歡體育，為清華的體育教育奉獻一生，很受學生愛戴。當時中國人被稱為東亞病夫，馬約翰努力改變這種狀況。在體育部，他比洋人主任還熱心，鼓勵學生做運動充滿熱情，訓練的時候，用嚴肅又慈祥的聲音，激勵同學的拼勁。在馬約翰的指導下，從來不長於運動的錢偉長，天天利用清華強迫運動的時間，跟隊友一同鍛煉，風雨不改。他有毅力，又能吃苦，結果成為田

徑運動會常客，名列越野隊五虎將，參加過全國運動會。到他大學畢業的時候，身高竟然增加到1.65公尺，讓祖母和母親大出意料，體魄強健，而且一生保持對運動的興趣。體育鍛煉令他耐力大增，爭勝的意志加強。他認為自己能夠承受大壓力，度過苦厄艱辛，與這四年的體育鍛煉有關。

熱心的嚴師出高徒

在讀書方面，他也幸運地遇到良師。物理系的教授，都是年輕熱心的科學教育家。參與創辦清華物理系的葉企蓀，這時候才三十出頭。其他教授有些只比錢偉長大十歲八歲，有好幾個還是是清華畢業的師兄。他們都是美國加州理工、哈佛、芝加哥大學等名校的博士，而且跟教授發表過重要論文。他們有些剛剛回國，朝氣勃勃。這些理科精英努力在實驗室做研究，常常工作到深夜，系裏的學習氣氛濃厚。

即使這樣，物理系的一年級課，錢偉長起初真

的是摸不着頭腦。除了理科知識基礎之外，還有英文不好的問題。清華因為是用美國退還的戰爭賠款來建的，所以一切美國化，用英文課本。於是錢偉長上課聽不懂內容，讀英文課本又不太明白，第一個學期真是受盡苦頭，據說頭兩個月的測驗，幾乎全部不合格。幸好當年物理系學生人數少，每一屆的畢業生才幾個人，而老師都是科學救國的堅持者，很細心照顧學生的困難，幾乎想把一生功力，傾囊相授。吳有訓見他讀得辛苦，就給了他一本中譯的課本，並且告訴他上課不要只顧抄筆記，應該仔細聽講，弄明白道理，下課後多看參考書。錢偉長天天泡在圖書館苦讀，終於在年末考試達到要求，創造奇跡。

　　從此，錢偉長的科學學習之路就充實而快樂了。系裏的教授講課生動，有啟發性。像葉企蓀的熱力學課，並不是一本教科書講幾十年。他的講稿只有十頁，題目和原理雖然年年一樣，但是舉例年年不同。葉企蓀大量閱讀最新的國際刊物，將刊物上提出來的應用例子，吸收消化到自己的講課裏，使一門基礎課程也能夠跟上科學發展的步伐。熱力學不是一門容易

的課，加上葉企蓀有點口吃，又有上海話口音，本來聽講困難，但是他把基礎概念講得很清楚，在關鍵的地方，還反覆講解，保證學生完全明白。他的講學方法跟當時歐美高水平的教授相似，讓很多學生印象深刻。

葉企蓀在歐美物理學界有過貢獻，他卻很謙虛地對學生說：「我教書不好，對不住你們，可是有一點對得住你們，就是我請來教你們的先生個個都比我強。」他禮貌周到地請回來的，確實是一流高手。

像吳有訓讀書時，就幫指導教授做過大量實驗，證實了這個美國教授的理論，使他得到諾貝爾物理學獎。吳有訓回到中國，為了培養學生，很重視最基礎的一年級物理學課，他講得很有啟發性，他會問：「皮球掉到地上，為什麼會彈起來？」當學生都說是彈性的時候，卻沒有人能夠講得出彈性到底是什麼。吳有訓再啟發大家去想：「皮球是自己彈起來嗎？」然後他才解釋反作用力，並且告訴大家，學科學，要懂得時時用科學的話來說明道理。吳有訓又很重視動手做實驗。錢偉長從未做過實驗，第一堂實驗課，他

躍躍欲試的時候。吳有訓出鬼主意，叫他們用兩公分的尺，量度一段約三公尺的距離，要達到規定的準確程度。這看似很無聊的第一課，令錢偉長和同學明白量度會有誤差，做實驗一定要很嚴謹。

　　系裏除了老師用功，同學的自學風氣也很濃。做實驗也日以繼夜，有些同學乾脆以實驗室為家。師生對追求學問非常認真，教授基本上都不按教材講，而引導學生去思考、爭論，師生常常從課堂上爭論到課堂下，經過這樣深入討論，同學對問題的核心把握得比較透徹。老師又鼓勵學生去修讀數學系、化學系，甚至機械工程系、電機工程系的課，打開知識面。系裏還請歐美著名學者來作短期講學。錢偉長在這種志氣昂揚的環境，興致勃勃地讀完四年大學。當他畢業的時候，一年級同班的同學十四人，只有一半人讀到畢業，而錢偉長是其中一個，可想而知他下了多大苦功。他考入研究院，從此又培養了讀國際最新科學期刊的習慣，逐步向一個自主的科學家之路邁進。

　　可是1937年七七事變爆發，日本進軍華北，抗日戰爭正式爆發。北京的許多大學搬遷避難。錢偉長沒

有錢，走不了，只好去教中學賺旅費，一年後才能夠千里迢迢，到雲南大後方，在大學裏邊教書邊鑽研。

留學大展鋒芒

　　由於長期的社會習慣，當時中國有志學問的精英學生，都以留學為目標。但是留學歐美，要很多錢，不是一般人能夠負擔的。政府出錢的公費留學，名額很少，考試競爭很激烈。1939年錢偉長參加留學考試，獲得取錄，準備去英國深造。當他們到香港準備坐船去英國時，不巧歐洲爆發戰爭，航行有危險，只好回到雲南等消息。就在等消息這幾個月，錢偉長在同學處借到一本講彈性力學的書，自己讀起來。這件事，造就他後來成為力學的大家。

　　力學是研究力或者能量和一件物體的運動的關係，簡單說就是一件東西受力或者溫度改變，會有什麼反應。彈性力學又是什麼呢？一件硬的東西受力，它的反應比較容易知道，但是軟的、有彈性的東西

呢？那研究起來就困難得多了。這一門科學就叫做彈性力學。

錢偉長讀了那本歐洲科學家寫的彈性力學書，感到很困惑，怎麼各種形狀的物體要用不同的處理方法？塊狀的東西處理起來，又不同於球形或者圓柱形的呢？而且很多處理方法建立在科學假設上面，不夠嚴謹。二十七歲的錢偉長很敏銳，他想要統一這些不同方法，也很勤奮，他當時並不知道自己的想法對不對，但動手去嘗試。

幾個月很快過去，他們又收到通知，要轉到加拿大留學，因為歐洲戰爭，很多英國科學家暫避到加拿大。他們一行在1940年初到上海準備出發，怎料又生出枝節來。原來他們上船拿到護照，發現護照上面有日本的簽證，船會在日本停留三天，他們可以上岸遊覽。1940年中國正在艱苦抗日，日本侵佔了中國很多地方，大家覺得接受日本的簽證是一種屈辱，十分氣憤，決定全體下船回雲南，把來送船的英國人氣得暴跳如雷。這樣一波三折，半年之後，他們才再乘船橫渡太平洋，真正開始留學。

錢偉長到了多倫多大學，專門研究彈性力學。他發現指導他的教授也在研究這個題目，而且正巧教授是從宏觀的、大的層面去研究，他就從微觀的、細小的組成物體去研究。在物理學上，最後這兩個角度得出來的結果，一定要吻合，才算是解決了問題。於是教授跟他用一個多月時間，就他們的初步研究寫成論文，刊登在非常重要的論文集裏。這本論文集是為慶祝馮卡門壽辰而出版的，馮卡門在物理學界很有名，是航空動力學的權威，論文集裏也有愛因斯坦的文章。年紀輕輕就能夠跟世界聞名的大學者一起出版論文，錢偉長滿心歡喜，自信心也增加了，開始敢去挑戰難關。他向彈性力學攻堅了，教授鼓勵他不要吝惜使用數學方法，但要用得簡潔漂亮。解決實際的物理問題時，要鼓起勇氣揑着鼻子跳進數學的大海洋，找最合用的工具，甚至創造工具。但又要懂得完成任務之後，爬上岸，不要

沉迷在美麗的大海裏。錢偉長因為在大學時修過數學系很多課，數學根底好，果然做到創造性地利用數學工具，他把用來研究相對論的數學方法，用在彈性力學上，教授十分高興，稱讚他有創意。一年之後，他終於解決了宏觀和微觀理論之間的關係，得到博士學位。

他的研究得出精確而且統一的結果，又分門別類，歸納出相應的方法，以後彈性的東西，那怕質料不同，只要做實驗找到質料的一些數據，然後放入相應的方程式裏，就可以知道它受力或者改變溫度時，會有什麼變化了。彈性薄板和薄殼在工程技術裏用得很多，像火箭等等不是要用上很多薄板薄殼材料嗎？可以設想，這個理論在材料物理學裏，在發展太空科技上，十分重要。

不久，錢偉長順理成章地轉到美國的加州理工大學，在馮卡門的研究所做工程師。這個研究所叫做噴射推進研究所，跟太空科技有關。錢偉長在裏面主要做火箭和人造衞星等的彈道、軌道計算，以及空氣動力計算。

當時在加州理工有不少中國科學家，包括錢偉長的清華老師周培源，周培源是加州理工畢業的博士。在抗戰正艱難的時候，他們聚在一起談工作碰到的難題，談世界大事，談文藝，幾乎無所不談，但主要還是在懷念國家和親人。錢偉長離開中國之後，妻子生了一個兒子，好幾年來只靠書信來往。雖然工作上他學到很多，研究很有動力，但是幾年未見到妻子和兒子一面，怎會不記掛呢。

　　1945年日本投降，戰爭結束。錢偉長於是告別大名鼎鼎的馮卡門，告別美國的舒適生活。他在1946年回到中國，實踐他由文轉理的初衷：科學救國，也第一次見到他已六歲的兒子，並且知道他的祖母和最小的妹妹去世了。

　　在他面前的路途之艱難，並不下於他由文轉理的路。

　　最後，他成為中國的力學和應用數學其中一個奠基者。

中國人的故事

現代科學家的毅力

作　　　者：張倩儀

繪　　　圖：李亞娜

主　　　編：張倩儀

責任編輯：甄艷慈　黃婉冰

美術設計：何宙樺

出　　　版：新雅文化事業有限公司

　　　　　香港英皇道 499 號北角工業大廈 18 樓

　　　　　電話：(852) 2138 7998

　　　　　傳真：(852) 2597 4003

　　　　　網址：http://www.sunya.com.hk

　　　　　電郵：marketing@sunya.com.hk

發　　　行：香港聯合書刊物流有限公司

　　　　　香港新界大埔汀麗路 36 號中華商務印刷大廈 3 字樓

　　　　　電話：(852) 2150 2100

　　　　　傳真：(852) 2407 3062

　　　　　電郵：info@suplogistics.com.hk

印　　　刷：中華商務彩色印刷有限公司

　　　　　香港新界大埔汀麗路 36 號

版　　　次：二〇一六年六月初版

　　　　　10 9 8 7 6 5 4 3 2 1

ISBN: 978-962-08-6578-7